GLESS 1974

DEUX
BRETONS

PAR

XAVIER DE MONTÉPIN

4

PARIS
ALEXANDRE CADOT, ÉDITEUR
37, rue Serpente.

1857

DEUX BRETONS

2920

54466

Ouvrages de Léon Gozlan.

Pérégrine.	4 vol.
Aventures du prince de Galles.	5 vol.
Georges III.	5 vol.
La marquise de Belverano.	2 vol.
La comtesse de Bruines.	3 vol.

Ouvrages de la comtesse Dash.

La comtesse le Bossut.	3 vol.
La belle Aurore.	6 vol.
Le dernier chapitre.	4 vol.
Le Neuf de Pique.	6 vol.
La princesse Palatine.	6 vol.
La Marquise Sanglante.	3 vol.
La Bien-Aimée du Sacré-Cœur.	7 vol.
Les Amours de Bussy-Rabutin.	3 vol.

Ouvrages du vicomte Ponson du Terrail.

Les Coulisses du Monde.	8 vol.
La Baronne Trépassée.	3 vol.

Ouvrages d'Élie Berthet.

Le Spectre de Châtillon.	5 vol.
Les Mystères de la Famille.	3 vol.
Le Cadet de Normandie.	2 vol.
La Ferme de la Borderie.	2 vol.
La Bastide Rouge.	2 vol.

Fontainebleau, imprimerie de E. Jacquin.

DEUX
BRETONS

PAR

XAVIER DE MONTÉPIN

4

PARIS
ALEXANDRE CADOT, ÉDITEUR
37, rue Serpente.

1857

TROISIÈME PARTIE

(SUITE)

LÉONTINE LE MODÈLE

(SUITE)

XI

Entente cordiale.

La conversation, interrompue un instant par une libation nouvelle, reprit en ces termes :

— Où donc la Brancador z-a-t-elle vu Léontine ?

— Dans le magasin de confection z-oùs qu'elle va flâner de temps z-à autres, histoire de se mettre au courant des ouvrieres qui vont z-et qui viennent...

— Et tu dis qu'elle porte intérêt z-à la petite ?...

— Un peu, mon vieux.

— Et elle veut la lancer ?

— Oui, mon bonhomme, et tout de suite dans le grand genre !... tout ce qu'il y a de mieux z-et de plus rupin ! — la Brantador est intime z-avec un banquier à perruque, cossu comme un Crésus et friand de fins morceaux...

— Voyez-vous ça, le vieux gueux !!

— Bénis-le, mon fils, il te fera z-un sort !... — Donc le *banquezingue* a vu Léontine, je ne sais z-où, ni quand est-ce — il s'en est toqué, et depuis ce jour-là il n'en dort plus, z-et même il en perd le boire z-et le manger... — Bref, il donne cinquante jaunets rien que pour souper z-avec elle... — tu comprends l'apologue ?...

— Parbleure !...

— Et, qu'est-ce que tu en dis ?

— Ce que j'en dis ?

— Oui.

— Les jaunets me tirent l'œil et je les aurai.

— C'est-à-dire que tu en auras z-un tiers...

— Hein ?

— Dam ! vieux, faut penser z-à ma part et z-à celle de la Brancador — cette brave femme-là ne peut pas se déranger rien que pour t'obliger...

— Ce n'est pas assez d'un tiers...

— Que veux-tu donc ?

— La moitié.

— Tu perds la boule !!

— Ça se peut, mais je ne m'en dédirai pas.

— Vas-tu point marchander ? — ah ! fi !!

— Si tu trouves que je marchande et si ça ne te convient pas, z-assez causé et n'en parlons plus !

— Parlons-en z-au contraire — veux-tu vingt louis ?

— Vingt-cinq ou rien.

— T'es pas raisonnable !

— C'est mon dernier mot.

— Les amis ne sont pas des Turcs, que diable !

— Il n'y a ni Turcs, ni diables ! je veux ce que je veux, et voilà.

— Allons, allons, ne te fâche pas ! t'auras moitié — vingt-cinq poléons ! — dis-donc — c'est gentil, ça !

— Oui — l'on peut nopcer z-avec agrément !

— Mais comment que tu feras pour décider la mijaurée z-à accepter le souper du vieux ?

Léonidas se gratta le front — suivit du regard les spirales bleuâtres de la fumée de sa pipe montant vers l'immonde plafond — enfin il donna les signes les plus manifestes d'indécision et d'embarras.

— Trouves-tu ? — demanda Galimand.

— M'y voici.

— Qu'est-ce que c'est ?

— Je la batterai tant z-et si bien qu'elle finira par consentir.

Galimand salua le vieux modèle avec une ironie nullement dissimulée.

— Mes compliments ! — s'écria-t-il ensuite, — a-t-il de l'imagination dans sa caboche, ce paroissien-là... — dire qu'il a trouvé ça tout seul, z-avec brevet d'invention sans garantie du gouvernement ! — Ah ! tu la battras !... — mais, maheureux, tu lui feras des noirs, et ça sera du joli... — elle pleurera, z-elle aura les yeux rouges, le nez bouffi, z-et le banquier n'en voudra plus !... — Allons, rengaîne ton idée, elle n'est pas de vente...

— T'as raison.

— Faut chercher z-un autre moyen...

— Oui, mais lequel ?

— Je pense à une chose...

— Voyons...

— Si on la grisait ?

— Impossible.

— Pourquoi ?

— Elle ne boit que de l'eau.

— Grenouille, va !

— Quand je te dis que la chance n'y est pas...

— Une autre idée !

— Après ?

— Une supposition que la Brancador nous z-invite z-à dîner, toi z-et moi...

— Ça peut se faire.

— Tu amènes ta fille...

— Naturellement.

— On lui sert des bons petits plats... — z-est-elle gourmande ?

— Non.

— Saperlotte ! tu disais vrai ! la guerdine a tous les vices !

— Plains son malheureux père, Galimand !

— Enfin, gourmande ou non, z-elle mange.

— La nourriture z-est l'amie de l'homme, z-et subséquemment, de la femme !... — dit Léonidas d'un ton sententieux.

— Donc, z-elle mange, et, z-ayant mangé, elle boit... — que ça soye de l'eau si ça veut, la chose nous est inférieure — cette brave mère Brancador z-a des tas de moyens subtils z-et ingénieux pour la chose d'endormir les jeunesses récalcitrantes... — ça t'irait-il, Léonidas !

— Comme un gant de poil de lapin.

— Tu comprends bien, mon vieux, que nous z-avions déjà pensé à ça, la Brancador z-et moi — mais la justice est taquinante à cet égard, et m'sieur le procureur impérial n'entend point la plaisanterie... — je vas donc te parler le cœur sur la main...

— Tu me feras bien plaisir, foi d'honnête homme !

— C'est donc pour te dire que la Brancador z'a dit comme ça qu'elle se chargeait de tout, z'à cette seule et unique condition que tu serais là, parce que la petite n'oserait point porter plainte contre toi, et qu'alors pour lors nous serions z'assurés d'être parfaitement tranquilles.

— Hum! elle n'est pas bête, la vieille!!!

— Ah! fichtre!... bien malin sera celui qui la pincera!!...

— Et, quand la petite sera endormie, qu'est-ce nous ferons?...

— Nous resterons z'à table à nous gobichonner z'entre-nous. — La Brancador emportera Léontine dans sa chambre pour la laisser dormir à son aise... — le reste ne nous regardera pas!

— Au fait... — on ne peut pas z'être partout à la fois.

— Comme tu dis! — le lendemain matin, l'enfant pourra pleurer et se lamenter tout z'à son aise... — liberté, libertas! — mais comme il n'y a jamais que le premier pas qui coûte, z'elle sera bien obligée de se consoler z'un peu plutôt ou z'un peu plus tard, et z'elle profitera de la position... — C'est z'une mine d'or pour toi ! — la Californie, mon vieux !!... — le banquezingue, qui est toqué, a promis z'un appartement numéro un, avec trois années de loyer payées d'avance, un mobilier dans le grand chic, des toilettes comme s'il en pleuvait, et deux mille balles par mois !... — hein, qu'est-ce que tu dis de ça ?...

— Ah ! il a promis tout ça ?... — fit Léonidas en réfléchissant.

— Il l'a promis et il le fera... — Comme la petite est mineure, nous le tiendrons par la peur du scandale... — un petit chantage assez soigné !... — tu l'entendras roucoler!!... — mais qu'est-ce que l'as?... — Tu parais tout chose!... — est-ce que tu ne jubiles pas d'ésatifaction ?...

Le vieux modèle frappa sur la table un gigantesque coup de poing qui fit bondir Galimand et s'entrechoquer les verres et les bouteilles.

— Adolphe!! — dit-il ensuite, en regardant son abominable complice dans le blanc des yeux.

— Eh bien, quoi?... — qu'est-ce que tu veux ? — deviens-tu fou? — tu me fais peur!!...

— Tu dis que le banquezinque qui promet un appartement — un mobilier, — des toilettes, — deux mille balle par mois, et le reste, ne donne que cinquante jaunets pour commencer la danse?...

— Oui...— balbutia Galimaud déconcerté.

— Rien de fait, alors!...

— Pourquoi?... mais, pourquoi?...

— Parce que tu veux me voler...

— Moi!... ton ami!... ah! Lonidas, c'est pas beau des idées pareilles!!...

Un nouveau coup de poing non moins formidable que le premier ébranla la table.

— Oui, tu veux me voler, et me voler bêtement!! — poursuivit le modèle — est-ce que tu me crois assez idiot pour avaler des goujons comme celui-là!... — un homme qui dépensera vingt mille balles et qui commence par cinquante louis !!... allons donc!!...

— On pourrait peut-être avoir davantage... — hasarda Galimand qui se mordait les lèvres et se désolait intérieurement d'avoir trop parlé.

— Ah! tu crois?...

— Dam! je dis... enfin, on ne risquera rien d'essayer...

— Écoute!...

— Parle, cher ami... je suis z'attentif...

— Je consens à l'affaire, mais...

Mais, quoi?...

— Il me faut cent louis pour moi tout seul.

Galimand fit un geste de stupeur et de désolation.

— Cent louis!!... — répéta-t-il — mais tu n'y penses pas!!...

— J'y pense beaucoup, au contraire.

— Allons... allons... Lonidas, sois raisonnable !...

— Je le suis.

— Songe à l'avenir de ta fillle...

— Le père avant la fille, c'est trop juste !...

— Tu te dois au bonheur de ton enfant...

— Je me dois d'abord au mien.

— Tu vas tout faire manquer z'avec tes conditions impossibles !!

— Ca m'est égal ! — cent louis ou point d'affaire...

— Alors, n'en parlons plus...

— Soit ! n'en parlons plus... — j'aime mieux ça que d'être floué !!...

— Lonidas, sois franc z'avec ton ami... tu te défies de moi ?...

— Parbleure !!...

— Eh ! bien je te prouverais ma bonne foi...

— Comment?

— Si tu veux nous irons z'ensemble chez la Brancador z'et tu traiteras toi-même...

— A la bonne heure !...

— Quand irons-nous ?

— Quand tu voudras.

— Ce soir, alors.

— Va pour ce soir.

— Nous fixerons le jour du souper en question... — d'ici là, faudra faire en sorte que la petite ne se doute de rien...

— Sois calme !...

En ce moment on entendit dans l'escalier le bruit d'un pas rapide et léger.

— File vite ! — reprit vivement le modèle — voici l'enfant ! — Je ne veux pas qu'elle te rencontre ici — elle se méfierait de quelque chose — elle ne peut pas te sentir, rapport z'à ta fille, qu'elle dit que tu as perdue !...

— Chipie !! — murmura Galimand en prenant sa canne qu'il avait déposée dans un coin.

Puis il ajouta :

— Je vais passer par l'autre chambre, et, dès que Léontie sera entrée dans celle-ci, je sortirai..

— A ce soir, — fit Léonidas en rangeant vivement les verres et le tabouret tandis que son digne ami disparaissait par la porte de la seconde pièce.

Le bruit des pas se rapprochait de plus en plus.

Évidemment Léontine arrivait dans le corridor.

Léonidas se mit à siffler l'air du sire de Franc-Boisy, en bourrant sa pipe.

La porte s'ouvrit et la jeune fille entra dans l'horrible chambre que nous connaissons, en disant :

— Bonjour, mon père...

— Pourquoi reviens-tu sitôt ? — demanda brutalement Léonidas.

— Mon père...— balbutia la pauvre enfant avec crainte.

Le vieux modèle s'interrompit.

— Je vois ce que c'est ! — s'écria-t-il — tu n'as encore pas travaillé aujourd'hui ! ! — tu ne trouves pas d'ouvrage ! ! — tout ça prouve que tu as fait la prude et que tu n'as voulu poser que pour la tête ! !

— il n'y a pas le sou à la maison, et mam'-zelle n'a pas seulement le courage d'en gagner!! — est-ce que tu crois que ça peut continuer longtemps comme ça, et que je te nourrirai à rien faire!!! — allons, vas-tu répondre!! — pourquoi n'as-tu pas travaillé aujourd'hui?

Et Léonidas accompagna sa dernière phrase d'un geste menaçant.

— Ne me frappez pas, mon père! — s'écria Léontine avec angoisse et avec terreur — je vous rapporte de l'argent...

— Ah! — fit Léonidas subitement radouci — voyons...

— Tenez, voici vingt francs.

Un ignoble sourire vint errer sur les lèvres flétries du vieux modèle.

Il fit danser joyeusement dans le creux

de sa main la pièce d'or que Léontine venait de lui remettre et il dit :

— Ah ! t'as de l'argent et t'as pas posé ! — c'est pas bête, ça, sais tu bien !... — ous que t'a récolté ce jaunet ?...

— C'est M. Maurice Torcy qui me l'a donné.

— Tiens ! tiens ! tiens ! — il est donc ben riche et ben généreux, l'artiste ! !

— M. Torcy a besoin de moi — il ne veut pas que je pose pour d'autres dans ce moment-ci, et, comme il n'avait pas le temps de m'employer aujourd'hui, il m'a fait une avance... — demain il m'attend à son atelier...

— Le beau Maurice veut t'accaparer, à ce qu'il paraît !... .

— Il a l'air bien bon, ce jeune homme

— fit Léontine en dénouant les brides de son chapeau qu'elle enveloppa soigneusement avec un mouchoir et qu'elle posa sur un meuble.

— Tu-as remarqué cela?...

— C'est bien facile à voir quand on a causé un instant avec lui...

— Et, lui, t'a-t-il trouvée gentille?...

— Il a dit que ma tête était précisément celle dont il avait besoin — et il a ajouté qu'il me ferait travailler longtemps...

— Bien! bien!... on comprend ce que parler signifie! — fit Léonidas en ricanant.

— Je ne sais pas ce que voulez dire, mon père...

— C'est bon, je le sais, moi, et c'est tout ce qu'il faut...

Le vieux modèle se frotta les mains, tout en continuant à sourire d'un sourire hideux et cynique.

Puis il reprit :

— Pour le quart d'heure, puisqu'il y a de l'*os* ici, tu vas descendre en deux temps et quatre mouvements!... leste et preste!

— Oui, mon père...

— Tu acheteras trois bouteilles cachet vert — un litre d'eau-de-vie — un lapin et tout ce qui s'en suit, pour me faire une gibelotte un peu soignée!... — beaucoup de poivre dans la sauce! je veux pouvoir m'en lécher les doigts jusqu'aux coudes... — est-ce compris?

— Oui, mon père.

— Et, surtout, que je ne te prenne pas à faire la cuisine sans gants, comme l'autre jour!... — tu te détériorerais les pattes et ça pourrait me faire du tort!... — allons, file!!

— J'y vais, mon père — répondit Léontine en nouant rapidement un fichu sur sa tête charmante, et en prenant dans l'armoire un petit panier.

Puis elle s'élança au dehors.

— Comme c'est bâti!... comme c'est moulé! — murmura Léonidas resté seul — elle est jolie comme un amour dans cette robe de laine!... Qu'est-ce que ce sera donc quand elle sera dans la soie et le velours!... — Allons, il faut qu'avant deux mois je sois cossu comme un boulanger retiré, ou comme un marchand de cochons!... — Dam, quand les enfants sont grands, c'est à eux de travailler pour leurs parents! — je ne connais que ça!... — je causerai ce soir avec la Brancador!...

XII

Au Théâtre-Français.

Quelques jours après celui où se sont passées les différentes scènes que nous venons de mettre sous les yeux de nos lecteurs dans le cours des précédents chapitres, notre ami Gilbert Pascal, rasé de frais — frisé comme un chérubin — mis avec une extrême élégance et ganté de gants paille, descendait d'un coupé de régie à la porte de la maison qui porte le numéro 2, dans la rue Richelieu.

Cette maison — la plupart de nos lecteurs parisiens le savent — fait partie des bâtiments du Théâtre-Français — elle renferme les bureaux de l'administration et l'entrée des artistes.

Gilbert paya son cocher — pénétra sous le vestibule — écarta les doubles battants d'une porte capitonnée et gravit lestement l'escalier qui conduit au premier étage.

Hâtons-nous d'ajouter qu'il portait sous son bras un volumineux rouleau de papiers.

— Que désire monsieur ? — lui demanda

le concierge du théâtre, vivante consigne, en lui barrant le passage.

— Je désire parler à monsieur le commissaire impérial, administrateur du Théâtre-Français — répondit le jeune homme — est-il dans son cabinet ?...

— Je ne pourrais vous le dire. — Montez plus haut et adressez-vous à l'huissier.

Gilbert reprit son ascension et arriva sur le palier du second étage.

Il franchit le seuil d'une première antichambre, puis apercevant à droite une porte qui donnait accès dans une sorte de bureau, il entra résolûment, avec l'aplomb d'un provincial qui ne connaît pas d'obstacles.

Un homme vêtu de noir — cravaté de blanc, et portant en sautoir une chaîne d'acier, se promenait gravement dans cette pièce.

Gilbert le salua.

L'homme noir lui rendit froidement son salut, puis, se posant en point d'interrogation devant le visiteur inconnu, il attendit que ce dernier formulât une explication de sa présence.

Ce personnage si solennel était un des huissiers de la Comédie-Française.

— Monsieur le commissaire impérial, monsieur? — demanda le futur auteur dramatique.

— Vous désirez lui parler, monsieur? — fit l'huissier, sans qu'un seul des muscles de son visage fut mis en jeu par le mouvement de ses lèvres.

— Oui, monsieur.

— Est-ce pour affaire personnelle ?

— Non, monsieur.

— Affaire d'administration ?

— Pas davantage.

— Affaire de théâtre, alors ?

— Oui, monsieur... — il s'agit d'un manuscrit...

Et Gilbert désigna le rouleau qu'il avait sous son bras.

L'huissier ne lui laissa pas le temps d'achever.

— Monsieur le commissaire impérial n'est pas dans son cabinet — fit-il.

— Et, où est-il ? — reprit le jeune homme avec cette persistance toute bretonne qui était l'un des points les plus saillants de son caractère.

— Monsieur le commissaire impérial est en lecture.

— Diable! Voilà qui me contrarie fort — à quelle heure pourrais-je le rencontrer, je vous prie?...

— Pas aujourd'hui, probablement.

— Et, demain?...

— Demain et les jours suivants, vers quatre heures de l'après-midi.

Ici nous ouvrons une parenthèse, afin d'apprendre à nos lecteurs que parmi tous les théâtres — subventionnés et non subventionnés—il n'en est aucun dont l'accès soit plus facile que celui de la Comédie-Française.

Les débutants littéraires eux-mêmes, et les inconnus, trouvent toujours à qui parler, et, s'ils sont éconduits, du moins le sont-ils poliment.

Ceci dit et posé, reprenons notre récit.

L'huissier, s'apercevant que sa réponse désappointait singulièrement le visiteur, ajouta :

— Si vous voulez vous adresser à monsieur le secrétaire de la Comédie-Française, vous le trouverez dans son cabinet — à droite dans l'antichambre — la porte vitrée...

— Ah! très bien! — merci, monsieur — répondit vivement Gilbert.

Et il alla frapper à la porte désignée.

— Entrez! — cria-t-on depuis l'intérieur.

Gilbert tourna le bouton — poussa le battant, et se trouva en présence d'un homme jeune encore, à la physionomie gracieuse et bienveillante, spirituelle et vive.

Une paire de lunettes, placée à côté de lui sur son bureau, trahissait sa myopie.

— C'est à monsieur le secrétaire de la Comédie-Française que j'ai l'honneur de parler? — demanda Gilbert en s'inclinant.

— Oui, monsieur — lui répondit l'excellent Verteuil avec une charmante politesse. — Veuillez prendre la peine de vous asseoir... — que puis-je faire pour vous être agréable?...

— Je viens, en l'absence de monsieur le commissaire impérial, vous prier, monsieur, d'accueillir ma demande..

— A qui ai-je le plaisir de parler?...

Gilbert se nomma.

M. Verteuil salua.

— De quoi s'agit-il? — demanda-t-il ensuite.

— D'une comédie...

— Ah! ah!...

— Que je désire présenter au Comité.

— Vous avez là le manuscrit, sans doute?...

— Oui, monsieur.

— Voulez-vous me le remettre?...

— Avec le plus grand plaisir.

— A merveille... — je vais le numéroter à l'instant même.

Et M. Verteuil traça, séance tenante, un numéro sur le manuscrit, puis il répéta ce numéro sur un registre *ad-hoc.*

Gilbert le regarda faire.

Quand les deux numéros furent inscrits, il demanda :

— Comment pourrai-je savoir, maintenant, quel jour aura lieu la lecture?...

Le secrétaire regarda le nouveau venu avec un certain étonnement et il eut toutes les peines du monde à dissimuler le sourire prêt à éclore sur ses lèvres.

— La lecture? — répéta-t-il.

— Oui, monsieur, — la lecture devant le comité?...

— Ah! ça, mais, vous n'êtes donc pas au courant des usages du théâtre?...

— Ma foi, monsieur, pas le moins du

monde... J'arrive de Brest, je ne suis à Paris que depuis trois jours, et...

— Très bien! très bien! — interrompit M. Verteuil, — je comprends maintenant...

— Et, moi, je ne comprends plus...

— Désirez-vous que je vous donne un aperçu de la marche des choses à la Comédie-Française, et que je vous explique par quelle filière passe un manuscrit avant d'arriver à la représentation... quand il y arrive?...

— Je vous en serai infiniment obligé.

— D'abord on me remet le manuscrit — comme vous venez de me remettre le vôtre, — je lui donne un numéro, — comme je viens d'en donner un au vôtre, — puis je l'envoie au censeur, comme j'y vais envoyer le vôtre...

— J'avais entendu dire, — interrompit Gilbert, — que les pièces ne passaient à la censure que quand elles étaient reçues et en répétition...

— Je ne vous parle pas de la censure — je vous parle du censeur...

— Qu'est-ce que c'est que ce censeur, je vous prie?...

— C'est un homme de lettres, — ordinairement un critique. — (En ce moment c'est un vaudevilliste.) — Il est officiellement chargé d'examiner d'une façon consciencieuse et spéciale tous les ouvrages présentés à la Comédie-Française...

— Mais, le comité de lecture?...

— Vous comprenez bien que le comité

ne se rassemblant au plus qu'une ou deux fois par semaine, ne pourrait suffire à prendre connaissance des manuscrits innombrables apportés pendant le cours de l'année... — Le censeur les lit, — fait un rapport sur chacun d'eux, et, d'après ce rapport, on accorde ou l'on refuse à l'auteur la lecture devant le comité...

— Ceci est fort clair.

— N'est-ce pas?...

— Ainsi, vous allez envoyer ma pièce au censeur?...

— Aujourd'hui même.

— Et, quand aurai-je sa réponse?...

— Il m'est impossible de répondre à cette question d'une manière précise...

— Enfin, à peu près?...

— Eh bien, trois ou quatre mois.

— Trois ou quatre mois! — s'écria Gilbert avec un brusque soubresaut. — Mais c'est impossible!! — je ne puis attendre ainsi!... — Oh! monsieur, si vous saviez... tout mon avenir, tout mon bonheur dépendent de ce manuscrit...

— Vous me voyez vraiment désolé de ne pouvoir agir autrement que je le fais, — répondit le secrétaire avec un doux sourire de commisération bienveillante.— Mais je n'y puis malheureusement quoi que ce soit... si ce n'est de vous donner un conseil...

— Donnez, monsieur! donnez!... — dit vivement Gilbert, se raccrochant, comme un homme qui se noie, à la plus faible branche, à l'espérance la plus vague...

— Voici l'adresse du censeur, — poursuivit M. Verteuil, allez le trouver, — expliquez-lui votre situation, — peut-être vos instances le décideront-elles à hâter sa lecture et à m'envoyer plutôt son rapport...

— Oh! monsieur, comment vous remercier de ce que vous faites pour moi!... — s'écria le jeune homme.

— Ça n'en vaut vraiment pas la peine!...

— Je vous quitte pour m'empresser de suivre votre excellent conseil...

Et Gilbert, après avoir serré la main du bienveillant secrétaire, sortit du cabinet, moitié triste et moitié satisfait du résultat de sa visite.

— Récapitulons! — se dit-il en remontant pédestrement la rue Richelieu dans la direction du boulevart, — je vais demain chez le censeur...

» Il me reçoit, — je lui parle, — il accède à ma demande, et, dans trois semaines au plus tard, j'ai sa réponse.

» Cette réponse sera favorable, je n'en puis douter, car il ne doit pas être habitué à rencontrer souvent, dans les manuscrits qui lui sont soumis, des œuvres semblables à la mienne.

» Nous disons donc trois semaines, — bon!

» Huit jours après, je demande lecture au comité. — Je l'exige au besoin.

» Il reçoit ma pièce par acclamation et lui vote d'emblée un tour de faveur.

» En tout, un mois.

» Le temps de monter mes trois actes. Mettons six semaines.

» J'arrive à un total de deux mois avant le jour de la représentation.

» Maintenant, admettons que je me trompe dans mes calculs, et, pour ne pas me faire d'illusions, doublons l'espace de temps.

» Il est clair comme le jour que je dois être joué dans cinq mois, au plus, — or, j'en ai quatorze pour arriver au but, — je suis donc largement en avance!...

» Quand on pense qu'il existe des gens qui prétendent encore que le vrai mérite a toutes les peines du monde à parvenir!... — les niais!... — ils répètent les bruits calomnieux que répandent les médiocrités repoussées!...

» Oui! oui!... bientôt je verrai mon nom imprimé en gros caractère sur ces belles affiches devant lesquelles s'arrête la foule, et les feuilletons du lundi porteront jusqu'à Brest la gloire de mes succès et l'écho de mes triomphes!...

. . . .
. . . .

Nous nous sommes abstenus jusqu'à présent du soin de donner à nos lecteurs de minutieux détails sur le caractère de Gilbert Pascal.

Nous pensions, et non sans raison, que de ses paroles et de ses actes ressortirait une lumière suffisante pour permettre de bien apprécier les qualités et les défauts du jeune homme.

Peut-être pourrait-on croire que l'amour-propre et la présomption le dominaient en tyrans absolus.

On serait dans l'erreur.

Non, Gilbert n'était ni vaniteux à l'excès, ni présomptueux outre mesure.

Jeune et intelligent, il avait la conscience de sa valeur, qui était réelle, — mais il ne lui arrivait point de se placer trop haut dans sa propre estime.

Connaissant peu le monde et n'étant jamais entré en lutte avec la société pour se tracer, au milieu d'obstacles de toutes sortes, la route d'un avenir quelconque, Gilbert conservait ses illusions qu'il prenait naïvement pour des réalités.

La comédie qu'il avait composée, et sur laquelle reposaient toutes ses espérances, ne se recommandait, à coup sûr, ni par l'entente de la scène, ni par l'habile emploi des *ficelles* du métier. — Mais elle n'était point une œuvre ordinaire; — la verve n'y faisait pas défaut, et des détails ingénieux, traités avec esprit, en rendaient le succès possible; — nous dirons volontiers : probable.

Gilbert avait consciencieusement comparé sa pièce à quantité d'autres favorablement accueillies par le public.

De cet examen et de cette comparaison était ressorti, pour lui, la certitude que ses trois actes méritaient les honneurs de l'affiche.

Le pauvre garçon ignorait encore ce que

c'est que le premier pas à faire dans les sentiers épineux de cette carrière odieuse de la littérature dramatique !...

Comme Georges de Coësnon, son compatriote, que nous avons vu arriver à Paris, ainsi que lui, avec des drames et des illusions en portefeuille, il ne savait pas combien d'obstacles à peu près infranchissables se placeraient entre lui et la réalisation de son rêve.

Il n'avait jamais eu affaire à ces directeurs qui parcourent sans attention un manuscrit signé d'un nom inconnu, — le lisent avec le parti pris d'avance de trouver la pièce injouable, et, souvent même, le confient, pour le juger, à des employés de bas étage qui ne savent le français et parfois l'orthographe que d'une façon très incertaine.

Et, puisque nous touchons à ce sujet, qu'il nous soit permis de combattre en quelques lignes un préjugé trop généralement répandu parmi les directeurs parisiens.

Ces messieurs n'ouvrent volontiers, et à deux battants, les portes de leurs théâtres qu'aux dramaturges et aux vaudevillistes chevronnés — ou aux romanciers en réputation qui veulent s'essayer dans le drame.

Et ceci, en vertu de ce principe qui nous paraît insoutenable : à savoir que les noms connus sont les seuls qui attirent la foule.

Cet axiôme — admissible, peut-être,

pour les livres — est complétement faux pour les pièces.

Le lecteur, qui achète ou qui loue un roman, sait bien que ce roman est de Dumas, de George Sand, de Foudras ou de moi, — mais les trois quarts des spectateurs qui remplissent une salle de spectacle, écoutent, applaudissent ou sifflent, sans se douter du nom de l'auteur.

Les drames de Dumas et ceux de Victor Hugo (quand Victor Hugo faisait des drames), — les comédies de Dumas fils et celles de Ponsard sont, à coup sûr, les seules exceptions.

Est-ce que vous vous figurez que quand on joue le *Médecin des Enfants* ou le *Paradis Perdu* (deux grands succès), le public sait que les noms d'Anicet Bourgeois et de Dennery sont sur l'affiche?...

Demandez-le lui plutôt, à ce bon public!...

Chaque fois qu'il est arrivé à des artistes de talent de créer un rôle dans l'œuvre d'un inconnu, le public n'a pas fait défaut.

Est-ce le nom, obscur alors, de *Ponsard* qui a fait l'immense succès de *Lucrèce*?...

Celui d'*Emile Augier* ne paraissait-il pas pour la première fois sur une affiche au moment où tout Paris courait applaudir la *Ciguë?*

Et cependant ces deux ouvrages avaient été déclarés injouables par le comité de lecture du Théâtre-Français.

Ce même comité qui, quelques années

plus tard, a refusé l'*Honneur et l'Argent*, joué deux cents fois à l'Odéon, devant des recettes colossales !...

Ma foi, vivent les comités de lecture !...

Et, pour en revenir aux théâtres de drames, est-ce que *Gaspardo le pêcheur* n'était pas le début de Bouchardy ?...

Mais messieurs les directeurs n'admettent point ceci, et, très sérieusement, certains d'entre eux préféreraient des chutes, signées de noms connus, à des succès presque anonymes.

Gilbert Pascal ne se doutait point de cela. — Le pauvre garçon ne devait l'apprendre que trop tôt, — ainsi que nous le verrons par la suite de ce récit ; — et voilà pourquoi, dans son ignorance, il se livrait à des espérances décevantes et suivait d'un œil charmé les mirages d'un avenir de gloire et de fortune littéraire.

Laissons-le se bercer, pour quelque temps encore, de cet espoir trop tôt déçu, et précédons-le dans la demeure de Maurice Torcy, vers laquelle il se dirige.

Nous allons y retrouver cette chaste et belle enfant que nous aimons déjà, — que bientôt, sans doute, nous aimerons plus encore, — cette fleur née sur le fumier, — ainsi que le disait Gilbert, et que Balzac, nous le croyons, l'avait dit avant lui, — Léontine Aubry, — la fille de l'infâme Léonidas.

Pauvre vierge aux enchères!... hélas! pauvre fleur à vendre!... — Comment garderas-tu ta pureté, tes parfums?...

Qui te protégera contre les démons qui veillent ?...

Qui te sauvera de cette boue qu'on veut faire jaillir sur toi pour la changer en or ?...

XIII

Léontine.

Franchissons, si vous le voulez bien, un intervalle de deux ou trois jours.

C'était la seconde fois que Léontine venait poser dans l'atelier de notre ami Maurice Torcy.

L'artiste était assis devant une grande toile, largement et vigoureusement ébauchée.

Une étroite cravate, ou plutôt un ruban à demi noué, faisait semblant d'attacher à son cou le col rabattu de sa chemise.

Il portait une vareuse de grosse flanelle rouge, semblable à celles qui font le plus bel ornement des *flambards* d'Asnières ou de Bercy.

Sa main gauche tenait la palette et l'appuie-main. — Sa droite maniait son pinceau avec une rapidité presque fiévreuse.

Léontine, placée sur une estrade auprès du poêle de l'atelier, était posée de trois quarts, dans une immobilité absolue.

Le cou de Léontine était nu, ses bras découverts, ses longs et admirables cheveux blonds, libres de toute entrave, flottaient sur ses épaules.

Une draperie de velours noir, disposée en forme de tunique, cachait une partie de l'épaule gauche et faisait ressortir la blancheur nacrée des belles chairs fermes et satinées de la jeune fille.

Un rayon de soleil, qui semblait tout joyeux de caresser l'adorable créature, mettait des reflets d'or dans sa chevelure splendide, éclairait le sommet du front qu'il couronnait en quelque sorte d'une radieuse auréole, et donnait ainsi à l'ensemble de la physionomie une expression inspirée qui en rehaussait la chaste candeur.

Depuis vingt minutes environ, Maurice travaillait avec ardeur.

Il n'avait pas laissé échapper une seule parole, et la jeune fille n'avait point changé de position.

Seulement les veines de son cou, un peu gonflées, décelaient un commencement de fatigue.

Maurice se leva tout à coup.

Il fit quelques pas en arrière.

D'un seul regard il enveloppa son modèle tout entier, puis, reportant ses yeux sur la toile, il fit un geste de satisfaction.

— Êtes-vous content, monsieur Maurice? — demanda Léontine avec une grâce timide et charmante.

— Oui, mon enfant,

— J'ai bien posé?

— Comme un petit ange que vous êtes !

— Continuez-vous ?

— Non, je me repose un instant. — Faites comme moi, mon enfant et déjeûnez si bon vous semble. — Je vais vous donner l'exemple...

Léontine se débarassa de sa draperie, qu'elle plaça sur le haut d'un chevalet.

Elle descendit de l'estrade sur laquelle elle avait posé.

Elle alla prendre un panier apporté par elle et mis dans un coin de l'atelier, et elle en tira un petit pain et une demi-bouteille remplie d'eau claire.

— Qu'est-ce que c'est donc que ça ? mon enfant ? — demanda le peintre en la regardant faire.

— Ça, monsieur Maurice, c'est mon déjeûner... — répondit Léontine en rougissant.

— Comment, ma chère petite, vous allez encore manger du pain et boire de l'eau?..

— Oh! monsieur, j'y suis habituée...

— Trop habituée, hélas! — Mais qui donc vous empêche de changer quelque chose à ce triste régime?... — En ce moment, rien qu'avec moi, vous gagnez douze francs par jour, et je ne vous emploie que cinq heures...

— C'est vrai... — balbutia Léontine.

— Eh bien?...

— Eh bien, sur ces douze francs, mon père exige que je lui en donne dix...

— Et, sans doute, vous économisez sur les humbles quarante sous qui vous restent, pour acheter quelques chiffons de toilette?..

— Oh! non, monsieur... — s'écria vivement la jeune fille.

— Mais alors?..

Léontine hésita.

Puis elle dit, en baissant la tête et en rougissant de nouveau, comme si elle s'accusait d'une mauvaise action :

— Nous avons des dettes, monsieur, et je les paie peu à peu.

— Pauvre, pauvre enfant! — murmura le peintre ému jusqu'aux larmes — oh! vous êtes bien malheureuse!...

— Malheureuse, monsieur, mais non, car, grâce à vous, je ne suis plus battue, et mon père a pu acheter des vêtements d'hiver.

— Ah! ne me parlez pas de votre père, — interrompit Maurice, — c'est un ivrogne, c'est un paresseux, c'est un...

— C'est mon père... — murmura doucement Léontine.

— Vous avez raison, mon enfant, cent fois raison, et moi j'ai tort! — vous êtes plus que bonne... vous êtes parfaite! — Mais, toujours est-il que je ne veux pas que vous vous abîmiez l'estomac avec votre petit pain et votre bouteille d'eau... vous allez déjeûner avec moi...

— Oh! non, monsieur, je vous en prie...

— Pourquoi donc?..

— Je n'ose...

— Est-ce que je vous fais peur?

— Oh! monsieur Maurice...

— Voilà deux jours que vous travaillez chez moi, c'est peu ; mais cela a dû vous suffire pour vous mettre au courant de mes façons d'agir... — Jamais je ne tourmente mes modèles, même lorsque ces modèles sont des femmes qui aiment à être tourmentées; — à plus forte raison celles qui, timides et craintives comme vous, veulent et doivent être respectées, sont-elles en sûreté auprès de moi autant qu'auprès d'un frère.

— Je sais bien que vous êtes un honnête jeune homme, monsieur Maurice; aussi je voudrais pouvoir travailler chez vous longtemps... toujours... car les autres ateliers me font peur...

— Eh bien, puisque vous me connaissez, ne refusez donc pas ce que je vous demande...— Allons, vous acceptez, n'est-ce pas?..

— Puisque vous le voulez absolument...

— Joseph! — dit vivement Maurice en allant ouvrir la porte de l'atelier, afin d'être entendu de son valet de chambre.

Ce dernier parut sur le seuil.

— Monsieur m'a appelé? — demanda-t-il.

— Sers-moi à déjeûner sur-le-champ...

— Ici, monsieur?...

— Oui, et mets deux couverts. — Mademoiselle déjeûne avec moi.

— A l'instant, monsieur, à l'instant!...

Joseph disparut et revint presque aussitôt, apportant une petite table toute garnie.

Maurice prit Léontine par la main et la fit asseoir en face de lui.

La première partie du déjeûner fut silencieuse.

La jeune fille, extrêmement intimidée, mangeait à peine, et Maurice, absorbé dans ces préoccupations incessantes qui accompagnent l'enfantement d'une œuvre d'art, ne quittait guère des yeux l'ébauche placée sur le chevalet.

Tout à coup il parut secouer les préoccupations artistiques qui le dominaient.

— Léontine... — dit-il en s'adressant à la jeune fille.

Cette dernière leva sur lui ses grands yeux si beaux, si doux et si tristes.

— Monsieur Maurice? — demanda-t-elle.

— Regardez un peu mon esquisse, je vous prie...

— Je la vois, monsieur, et c'est bien beau...

— Vous trouvez-vous ressemblante?

— Oh! oui, monsieur.

— Eh bien! je ne suis cependant pas absolument satisfait.

— Pourquoi donc?

— Ce sont bien là vos traits, c'est bien là l'expression de votre visage, — mais ce n'est pas tout à fait l'expression de vos yeux!... — Aussi, a-t-on jamais rencontré un modèle avec de tels regards!... des regards plus beaux et plus divins que ceux de la Fornarina elle-même!... et cependant, c'est là ce qu'il me faut rendre!... — Voyez, cette femme, cette pâle épreuve de vous-même, a bien l'apparence de la tristesse, mais il lui manque cette angélique résignation empreinte sur vos traits, et qui est le caractère distinctif de votre physionomie... Un artiste passe sa vie entière à chercher cette poésie suave, cet idéal que vous m'offrez !... Je le trouve en vous ! vous êtes mon rêve réalisé !... — Resterais-je donc au-dessous de cette chance inouïe qui me favorise ? — Il faut que je retouche les yeux... — le regard, c'est l'âme elle-même !... — et votre regard est plus sublime encore ce matin qu'il ne l'était hier... — D'où vous vient-il donc, Léontine, ce regard douloureux et patient, ce regard de jeune madone qui devine les douleurs du calvaire de l'avenir ?... — Soyez sincère avec moi, mon enfant, je vous en supplie... — Dites-moi si cette expression étrange et presque divine est habituelle à votre visage, ou si elle résulte de quelque secrète et profonde douleur ?... — Pardonnez-moi ces indiscrètes questions, mais la solution du problème que je me pose est pour moi fort essentielle... — Vous comprenez que je ne saurais trop approfondir les secrets de la nature physique et morale... sans cette étude, l'art se fait matérialiste et ment à sa mission divine...

— Je ne vous comprends pas très bien, monsieur Maurice, et je ne sais que vous répondre.

— Êtes-vous disposée à me parler franchement ?

— Oui.

— Bien vrai?

— Bien vrai.

— Je vais donc vous poser les questions de manière à vous rendre les réponses faciles... si vous voulez répondre...

— Je ne demande pas mieux, car je n'ai rien à cacher.

— Vous souffrez, n'est-ce pas?... sinon dans votre corps, du moins dans votre âme?...

— Oh! certes!...

— Est-ce votre père qui vous rend malheureuse par ses mauvais traitements?...

— Oui... — balbutia Léontine, — mais...

La jeune fille s'interrompit.

— Mais? — répéta Maurice.

— Si ce n'était que cela, je pleurerais, et voilà tout...

— Il y a donc autre chose ?

— Oui...

— Vous tyrannise-t-il d'une autre façon ? — demanda Maurice étonné.

Léontine fit un mouvement et entr'ouvrit les lèvres comme si elle allait répondre.

Mais elle s'arrêta. — Une belle teinte pourpre envahit successivement son cou, ses joues et jusqu'à son front.

Elle cacha son visage avec ses deux mains, et, entre ses doigts fins et charmants, coulèrent une à une de grosses larmes semblables à des perles qu'on dénoue.

Maurice se trompa à l'embarras de la jeune fille.

Il l'attribua à quelques chagrins d'amour contrarié.

Aussi reprit-il en souriant :

— Voyons, Léontine, ne rougissez pas! — Je n'ai ni le droit ni l'intention de vous gronder, — parlez donc sans crainte; — je devine ce qui vous fait rougir et pleurer...

La jeune fille leva sur Maurice ses yeux agrandis par l'étonnement, et s'écria avec une vive expression de pudeur alarmée :

— Quoi, monsieur, vous sauriez...

— Parbleu! ce n'est pas difficile à deviner, ma pauvre petite!... vous aurez eu affaire à quelque don Juan d'atelier, — peut-être à quelque fils de famille, à quelque viveur émérite, qui vous aura éblouie par ses belles paroles et par ses promesses, et même, qui sait? par une espérance de mariage... et aujourd'hui que vous voyez, — mais trop tard, hélas! — que cette espérance était un rêve, vous vous en prenez à vos beaux yeux qui n'en peuvent mais!... — Ah! c'est une histoire vieille comme le monde que la vôtre, ma belle petite!... une histoire éternelle et presque sans variantes!... — Pour vous, comme pour les autres, en voici le dénoûment : oubli des amours passées... nouvelles joies des amours nouvelles!...

— Que supposez-vous, monsieur Maurice?? — s'écria la jeune fille avec douleur, mais sans colère, bien qu'elle eût été blessée profondément par les paroles presque railleuses de l'artiste.

— Je pense... ce que je dis, ma fille.

— Ainsi, vous croyez que j'ai... un amant?...

— Jolie comme vous l'êtes, serait-il possible que vous n'en eussiez pas?...

Léontine se leva brusquement.

— Monsieur!! — dit-elle d'un ton simple et digne.

— Allons, mon enfant — reprit Maurice, dont nous connaissons le scepticisme absolu à l'endroit de la vertu des modèles — allons, mon enfant, pas de sotte pruderie entre nous! — Que diable!... ce serait ridicule!...

Puis, convaincu que Léontine jouait une comédie invraisemblable, dans l'intention de l'abuser, il poursuivit avec un peu d'impatience :

— Du reste, ma chère, puisque vous

tenez tant à vos secrets, gardez-les!... ils sont à vous! ils ne me touchent en quoi que ce soit, et je vous promets de ne plus vous les demander!!...

Le peintre, après avoir prononcé ces mots, alluma une cigarette et retourna prendre place devant son chevalet.

Léontine, comprimant à grand'peine, malgré d'héroïques efforts, les sanglots qui l'étouffaient, regagna son siége, se drapa de nouveau dans la mantille de velours noir, et reprit sa pose.

Mais l'humiliation inattendue qu'elle venait d'avoir à subir l'avait frappée d'un coup trop douloureux pour qu'il lui fût possible de reconquérir à l'instant même son calme ordinaire.

En dépit de la contrainte qu'elle s'imposait, des larmes se firent jour de nouveau à travers ses longs cils et inondèrent son visage bouleversé.

Sa gorge se contracta.

Ses épaules se soulevèrent en des mouvements convulsifs, et elle éclata en sanglots.

Maurice, qui retouchait son tableau, se leva vivement, jeta sa palette et ses pinceaux et courut à elle.

— Mon Dieu ! mon enfant, qu'avez-vous donc ?... — lui demanda-t-il en lui prenant les deux mains.

— Oh ! que de souffrances !... que de souffrances !... — balbutia la pauvre fille qui renversa sa belle tête en arrière en une crise de suprême désespoir.

— Suis-je donc, sans le savoir, la cause

de vos larmes? — fit Maurice avec émotion et intérêt — mes paroles, brutalement franches, vous auraient-elles offensée?...
— pardonnez-moi mes suppositions, je vous en supplie... — vous êtes si belle que je n'ai pu que bien difficilement croire à votre sagesse absolue...

— Et, d'ailleurs — interrompit Léontine avec amertume — peut-on croire à la sagesse d'une fille qui fait ce métier honteux de poser dans les ateliers !...

— Hélas! ma pauvre enfant, vous le savez aussi bien que moi, la réputation des modèles n'est pas précisément inattaquée...

— Oh ! pourquoi mon père me contraint-il à gagner de cette horrible façon notre pain de chaque jour!!...

— Il est donc vrai que vous ne posez que malgré vous?

— Ah! si j'étais libre de suivre mon chemin dans la vie...

— Que feriez-vous?...

— Je me ferais religieuse... sœur de charité.

— Quelle triste pensée!... à votre âge!.. — sacrifier ainsi votre avenir!!...

— Est-ce donc un sacrifice que de se consacrer tout entière à des œuvres de dévoûment?... est-ce donc un sacrifice que de soulager ceux qui souffrent?... — pour ma part, monsieur, je vous jure que je ne vois pas au monde de plus belle et de plus heureuse existence.

Maurice reprit entre les siennes l'une des mains de Léontine.

Cette main était brûlante.

Des tressaillements nerveux l'agitaient par instants.

A coup sûr une fièvre violente venait de s'emparer de la pauvre enfant — il était impossible d'en douter.

Maurice sentit une conviction subite, un absolu respect, remplacer sans transition la défiance et le scepticisme qui, jusqu'alors, avaient mis son esprit en garde contre la candide et chaste apparence de Léontine.

XIV

Confidences.

— Ma chère enfant, — fit alors Maurice d'un ton doux et grave — vous m'intéressez plus vivement que je ne saurais l'exprimer ! — vous souffrez, cela saute aux yeux, et, si je puis adoucir vos peines si je puis vous être utile en quoique ce soit, je me mets de tout mon cœur à votre discrétion... — je donnerais beaucoup pour qu'il me fut possible de racheter le mal que je viens involontairement de vous faire... — aussi, ce que je vous demandais tout à l'heure par curiosité et comme étude, je vous le demande maintenant par intérêt et par affection... — consentez à me répondre, je vous en aurai une profonde reconnaissance...

— Que voulez-vous savoir, monsieur Maurice ? — demanda la jeune fille, touchée de l'expression fraternelle et compatissante des paroles de l'artiste.

— En émettant la supposition que vos chagrins provenaient d'un amour malheureux, je me trompais, n'est-ce pas ?...

— Oui, vous vous trompiez, car je n'aime personne, et personne ne m'aime...

— Que vous n'aimiez personne, je le veux bien, mon enfant — mais la seconde partie de votre affirmation est plus difficile à accepter...

— Pourquoi donc ?

— Avec une beauté aussi éclatante que la vôtre, il est impossible que vous n'ayez jamais reçu de brûlantes déclarations...

— J'ai refusé d'entendre ceux qui voulaient me les adresser.

— Vous avez repoussé tous vos adorateurs ?

— Oui, monsieur Maurice — répondit Léontine avec fermeté — je comprends bien que cela vous étonne car, dans ma position, on n'a pas le droit de se montrer si fière, mais, que voulez-vous, je suis ainsi... — si je n'avais pas ma sagesse, mon seul trésor, qu'aurais-je donc?... — Mon enfance a été bien solitaire, bien triste, bien désolée — je n'ai jamais connu la tendresse et les baisers de ma mère... — j'ai toujours été en but aux mauvais traitements de mon père qui voudrait, — je rougis de le dire — me pousser dans une mauvaise voie — je n'ai eu personne à qui confier mes peines, à qui demander un conseil...—Sans appui, sans espérances, je n'ai trouvé de consolation que dans la prière... si j'étais coupable le bon Dieu ne voudrait plus m'entendre, et je serais tout à fait abandonnée...

En écoutant ces paroles si simples et si touchantes, Maurice éprouvait de plus en plus l'impérieux désir d'apporter quelque soulagement à cette infortune si complète, et il en cherchait vainement le moyen.

Il ne pouvait mettre en doute la littérale et rigoureuse vérité de tout ce que la jeune fille venait de lui dire.

Il connaissait le honteux caractère et la misérable nature de Paul Aubry, et il comprenait amèrement tout ce que la pauvre enfant avait à souffrir et avait à craindre auprès de ce père sans cœur et sans âme...

Il s'émerveillait, comme d'un prodige, de ce que la jeune fille ait pu conserver intacte son adorable chasteté, en vivant côte à côte avec les vices abjects et l'éhonté cynisme du vieux modèle.

Il regardait comme une chose complétement impossible que ce misérable n'eut pas songé à spéculer sur la beauté virginale de Léontine, et il frémissait en envisageant par la pensée toutes les luttes qu'elle avait dû avoir à subir pour rester pure.

Par respect pour la pudeur immaculée de cette âme éprouvée si cruellement, et si saintement belle, il n'osait interroger d'une façon pressante et formuler nettement ses questions.

Il craignait d'offenser Léontine, et, d'ailleurs, il devinait suffisamment toute la vérité pour ne pas chercher à approfondir davantage ses désolants mystères.

Tout ce que nous venons d'écrire trop longuement se succéda dans son esprit en moins de quelques secondes.

Il suivit le cours de ses pensées, et il reprit à voix haute :

— Pourquoi ne prenez-vous pas un parti ?...

— Eh ! quel parti puis-je prendre, monsieur ?...

— Le meilleur et le plus simple de tous...

— Je ne le devine pas.

— Celui de quitter votre père...

— C'est impossible !...

— Impossible, dites-vous ?...

— Oui.

— Pourquoi ?

— Mon malheureux père ne saurait se

passer de moi ; — il s'est fait renvoyer de partout ; — il n'a pas de travail, et, si je l'abandonnais, peut-être commettrait-il de mauvaises actions pour se procurer du pain...

— Mais s'il s'est fait exclure de tous les ateliers, s'il est sans travail, comme vous dites et comme je le crois, n'est-ce pas sa faute, complétement sa faute ?...

— C'est vrai, monsieur Maurice, je le sais...

— Et, le sachant, vous avez encore de la pitié pour lui ?...

— Je le dois.

— Non, vous ne le devez pas !...

— C'est mon père !...

— Mais il vous fera mourir à la peine !...

— Je le crois, — répondit simplement Léontine.

Maurice frappa violemment du pied.

La sourde colère qui, depuis un instant grondait dans son âme, venait enfin de faire explosion.

— Corbleu! — s'écria-t-il, — je ne veux pas, non, je ne veux pas que vous souffriez ainsi!!... — Cet état de choses ne peut durer plus longtemps!... — Ou Dieu n'est pas juste, ou je l'empêcherai!!...

— Comment l'empêcherez-vous?...

— Je parlerai à votre père...

— Oh! monsieur Maurice...

— Tantôt, je vous reconduirai moi-même, je monterai chez lui et je lui ferai entendre raison...

— N'en faites rien, je vous en conjure !...

— Ah ! bah ! et pourquoi donc ?...

— Pour bien des raisons...

— Lesquelles ?...

— D'abord, il vous répondrait peut-être grossièrement... et je souffrirais trop si je vous voyais insulté à cause de moi...

— Ne craignez rien, chère enfant !...— Est-ce là tout ?...

— Non.

— Qu'y a-t-il encore ?...

Léontine baissa la tête et balbutia :

— S'il vous voyait venir...

La jeune fille s'interrompit.

— Eh bien ?... — demanda Maurice.

— Il croirait...

Léontine s'arrêta de nouveau.

— Que je suis votre amant, peut-être ? — acheva le peintre, éclairé par l'hésitation du modèle.

— Oui, — répondit Léontine, aussi rouge qu'une pivoine en fleur.

— Et s'il croyait cela, — poursuivit Maurice, — il vous maltraiterait sans doute ?...

Léontine leva sur l'artiste ses grands yeux candides.

Puis elle murmura en baissant la tête :

— Oh! vous ne connaissez pas mon père !...

Maurice regarda son interlocutrice à son tour, et il devina tout à coup la pensée qu'elle n'osait pas exprimer.

— Quoi !! — s'écria-t-il, — votre père ?...
—Oh! malheureuse ! malheureuse enfant!

— C'est horrible ce que je suppose, et, pourtant, cela est vrai, n'est-ce pas?...

— Vous voyez bien, monsieur Maurice, — poursuivit Léontine, — vous voyez bien qu'il vaut mieux que vous ne vous occupiez pas de moi, car, si mon père avait ces idées qui vous révoltent, il serait capable de tenter un éclat, dans l'espérance...

— Que cela lui rapporterait quelque chose? — dit brusquement Maurice qui marchait à grands pas de long en large dans l'atelier et qui s'arrêta devant son modèle.

Léontine ne répondit pas, mais, de la tête, elle fit un geste affirmatif.

— Eh! bien, soit! — dit-il, — qu'il ait cet espoir infâme!.. — Après tout, que vous importe?... — Votre conscience est pure, et, s'il ne faut que jeter une poignée de louis à cet homme pour vous voir moins malheureuse, tranquillisez-vous ! — Je ne suis pas bien riche, mais je le suis assez cependant pour qu'un si minime sacrifice soit pour moi possible et facile...

— Mais alors je serais perdue !... perdue aux yeux de tous !... — s'écria Léontine. — Non !... non !... mieux vaut souffrir encore, souffrir cent fois plus, souffrir toujours et n'avoir à rougir devant personne !... — Dites, monsieur Maurice, n'êtes-vous pas de mon avis?...

— Mon avis, Léontine; — répondit l'artiste en ployant à demi et involontairement le genou devant son modèle, — mon avis est que vous êtes une sainte et admirable créature, et que Dieu vous doit une éternité de joie dans le ciel pour vous dédommager des tortures qu'il vous impose sur la terre...

Maurice s'interrompit pour essuyer sa paupière que mouillait une larme furtive.

Puis il reprit :

— Oh! si ma mère, si mon angélique mère vivait encore, elle trouverait des paroles pour vous consoler... des paroles sorties de son cœur et qui iraient tout droit au vôtre!... — Moi, malheureusement, je ne puis rien ou bien peu de chose, car vous avez raison, je suis trop jeune pour protéger une fille de votre âge et de votre beauté, et là où il n'y aurait qu'une bonne et pure action, qui ferait sourire les anges, le monde verrait un marché honteux... — Mais, tel que je suis je vous le répète du plus profond de mon âme, je suis entièrement à vous, et je vous supplie de disposer de moi si vous en avez besoin...

— Merci, monsieur Maurice — répondit Léontine avec émotion et en serrant la main que l'artiste lui tendait — merci, moi aussi, de toute mon âme !...

— Voyons, cherchons bien, cherchons ensemble — puis-je vous être bon à quelque chose ?

— Vous pourrez, du moins, adoucir un peu mes chagrins ?...

— Comment ?... parlez vite !... — j'attends... je suis prêt..

— Croyez-vous avoir besoin de moi longtemps...

— Quinze jours ou trois semaines environ...

— Seulement trois semaines... — balbutia Léontine.

— Craignez-vous donc de manquer de travail ?

— Non... mais...

— Mais?...

— Je crains d'aller dans d'autres ateliers... — J'ai tant souffert dans ceux où je suis allée avant de venir ici... — C'étaient des paroles, des plaisanteries, que je comprenais mal, mais qui me faisaient rougir !... — on se moquait de mon embarras... — on m'appelait prude et bégueule... on voulait me faire souper avec d'autres femmes, et, lorsque je m'enfuyais chez mon père en lui racontant mes hu-

miliations de chaque heure, de chaque
minute, il me menaçait, il me frappait, il
me contraignait de retourner dans ces ateliers maudits que je n'osais fuir! — Oh!
j'ai cruellement souffert, allez ! — tandis
que depuis trois jours que je viens ici,
vous vous êtes montré si bon pour moi
qu'en posant devant vous j'oublie toute la
honte du métier que je fais — il me semble presque que je pose pour mon portrait
— et puis, grâce à l'argent que je rapporte chaque soir, mon père est moins dur
pour moi...

— Ainsi, votre désir serait de travailler
longtemps ici ?

— Oh! oui !... — mais pardonnez-moi...
— je suis bien indiscrète de vous parler
ainsi...

— Indiscrète ! — s'écria Maurice — le pensez-vous donc ? — il m'est enfin possible de faire pour vous quelque chose et voici déjà que vous doutez de moi !

Et, tout en parlant, il prit la plus large de ses brosses, il la trempa dans le bitume et il la passa à deux ou trois reprises sur sur la toile ébauchée que supportait le chevalet placé devant lui.

Ceci achevé il jeta cette toile à l'autre bout de l'atelier.

— Que faites-vous donc ? — demanda Léontine avec inquiétude.

— Ce que je fais ? — s'écria Maurice — ne le devinez-vous donc pas ?... — je prépare, à vous et à moi, six mois de travail... oui, six mois, ensuite nous verrons...

— Comment ? que voulez-vous dire ?

— Je veux dire que je n'exposerai pas cette année, Léontine, mais que l'année prochaine j'enverrai au musée une composition splendide !... — j'ai mon tableau... il est là, tout entier, dans ma tête !... et c'est un chef-d'œuvre !... — Si, de ce tableau, doit résulter pour moi quelque gloire, vous en aurez la moitié, et c'est à vous que je la devrai tout entière !...

— A moi ?...

— A vous... Léontine... à vous !...

— Je ne vous comprends pas... — murmura la jeune fille, presque effrayée de l'exaltation de l'artiste.

— Vous allez me comprendre... — Voulez-vous que je vous le montre, ce tableau dont je parle ?...

— Il existe donc ?

— Je vous répète qu'il existe là ! — répondit Maurice en frappant son front — écoutez donc ! ou, plutôt, regardez !... — Ce tableau, c'est une scène de votre vie — celle dont nous sommes en ce moment les deux acteurs !... — Voyez, un intérieur d'atelier, où déborde la divine poésie de l'art... — Un artiste penché devant sa toile et la palette au poing... — en pleine lumière, une belle et chaste jeune fille, rougissante et confuse, cachant ses épaules nues avec ses grands cheveux et ses deux petites mains... — puis, dans les demi-teintes et comme repoussoir, la figure repoussante et grimaçante du père qui contraint la pauvre créature à accomplir le travail détesté ! — hein ? qu'en dites-vous ? Oh ! je sens là que je ferai une grande et belle chose!... Ne me remerciez donc pas, car vous voyez bien que c'est moi, au contraire, qui vous dois des actions de grâces.

» Or, pour amener à bien mon œuvre, il me faut au moins six mois de travail, car il ne suffit pas que vous posiez en modèle inintelligent — il faut que vous me racontiez votre vie, vos angoisses passées — votre honte et votre douleur en prêtant pour la première fois votre beauté candide au pinceau d'un de mes confrères ! — Je veux être dans le vrai — je veux faire du *réalisme* sérieux et consciencieux — je veux que mon tableau soit saisissant, et, comme vous me rendrez un immense service, en dehors de ceux que je suis en droit d'attendre d'un modèle ordinaire, nous fixerons désormais le prix de chacune de nos séances à vingt francs... — De cette façon votre père sera content, n'est-ce pas?...

Oh! monsieur Maurice... je ne puis... je ne puis accepter...

— Pourquoi donc?

— Songez... une pareille somme, tous les jours... pendant six mois!

— Bah! — je ferai trois pastels pour lesquels vous poserez en dehors de l'intervalle des séances ordinaires... — trois pastels à mille francs l'un — j'en ai le placement...

— Mais...

— Pas de *mais*... — je vous préviens que si vous me refusez je prends un autre modèle — je fais une abominable croûte

— je manque mon avenir — et je vous mets tout cela sur la conscience, car, de tout cela, c'est vous qui serez la cause...

— Mon Dieu! que vous êtes bon!... et comment vous remercier?...

— En ne me remerciant pas, et en acceptant... — allons, voilà qui est convenu! — ici, au moins, vous serez sans inquiétude, nous travaillerons en causant — vous me direz vos peines et vos espérances — je serai votre ami... — je serai votre frère... — votre *frère*, entendez-vous bien! — Jamais un mot, jamais un geste ne viendront vous faire rougir... je crois n'avoir pas besoin de vous le promettre...

— Oh! je le sais! je le sais! — s'écria vivement la jeune fille.

— Vous êtes adorable, mais je saurai

rester assez maître de moi pour ne pas devenir amoureux ! — enfin, si ce... malheur arrivait, car, en six mois, on ne sait pas ce qui peut résulter de nos rapprochements quotidiens, je vous jure que je ne vous le dirai pas ! — Vous voyez bien que tout est prévu, et que vous n'avez rien à craindre !...

XV

Une paire de pères.

— Voyons, Léontine — demanda Maurice après un silence — êtes vous contente?

— Je suis plus que contente, monsieur Maurice — répondit la jeune fille — je suis heureuse !... oh ! bien heureuse !...

— Alors vous vous sentez un peu rassurée ?...

— Entièrement.

— Et l'avenir ne vous fait plus peur ?

— Oh ! non !..

— Bien vrai ?...

— Bien vrai.

— Alors ces beaux yeux-là n'ont plus de raison pour pleurer... — un sourire bien vite et séchons ces larmes...

— Ah ! — s'écria Léontine en ployant involontairement les genoux — que Dieu est bon et comme je le remercie !...

— Pourquoi le remerciez-vous, mon enfant ?...

— Parce que c'est lui-même qui m'a conduit ici...

Et, tout en prononçant ces paroles, Léontine, ne pouvant parvenir à dominer l'émotion qui débordait en elle, saisit une des mains de Maurice et s'efforça de la porter à ses lèvres.

L'artiste retira vivement cette main.

— Que faites-vous donc, mon enfant? — demanda-t-il ensuite en s'éloignant de deux ou trois pas.

— Suis-je donc coupable? — balbutia la jeune fille dont les joues devinrent écarlates.

— Non, certes, vous n'êtes pas coupable!... — mais est-ce ainsi que l'on agit entre frère et sœur, et vous vous souvenez bien qu'il est convenu que nous le sommes... — allons! tendez-moi votre front — mes lèvres en l'effleurant vous diront toute la sainteté de la chaste affection que je ressens pour vous....

Léontine obéit.

La bouche de Maurice s'appuya doucement sur le beau front du modèle.

Certes, les anges durent sourire en voyant ce baiser si pur, cette caresse si fraternelle.

Le cœur de Léontine se gonfla d'une douce émotion. — Deux grosses larmes — mais qui n'étaient point amères — vinrent perler sous ses paupières abaissées.

Maurice, de son côté, se sentait beaucoup plus ému qu'il ne voulait le paraître.

La joie d'accomplir une bonne action remuait profondément sa noble et généreuse nature, et, en dépit de lui-même, il sentit ses yeux se voiler, et il rendit larmes pour larmes à la pauvre fille dont il voulait adoucir les chagrins et modifier la triste vie.

En ce moment précis, le ciel, sombre depuis un instant comme un ciel d'hiver, s'éclaircit tout à coup.

Deux nuages s'écartèrent, et un rayon de soleil, pénétrant dans l'atelier comme une flèche d'or, vint illuminer ces deux visages jeunes et beaux, rendus plus beaux encore par une émotion généreuse et sincère.

On eut dit que Dieu abaissait son regard bienveillant sur ces deux enfants et qu'il souriait à la pureté de leur âme et de leurs pensées, et qu'il agréait l'hymne muet de reconnaissance, qui de leurs cœurs montait jusqu'à lui.

. . . .

§

Quelques minutes après la scène charmante que nous venons de très imparfaitement décrire, Gilbert Pascal, revenant du Théâtre-Français, où nous l'avons suivi dans l'un des précédents chapitres, faisait son entrée dans l'atelier de son ami.

Il trouvait Maurice penché sur les pages blanches d'un album et jetant sur le vélin la rapide esquisse du tableau dont l'idée lui était venue en contemplant Léontine.

Cette dernière, qui avait repris sa place

sur l'estrade destinée aux modèles, posait immobile sous les yeux de l'artiste.

———

Tandis que ceci se passait dans l'atelier de la rue Pigale, nous prions nos lecteurs de nous suivre dans la rue Neuve-Saint-Augustin et de s'arrêter avec nous en face d'une grande maison de belle apparence.

Que nos lecteurs — s'ils sont pressés — se rassurent — ils n'attendront pas long-temps.

Deux de nos anciennes et peu estimables connaissances sortirent de cette maison : Léonidas le modèle, et Adolphe Galimand, son digne acolyte.

Les traits jadis beaux de Léonidas et le

visage trivial et flétri de Galimand exprimaient une joie cynique.

Ils se donnaient le bras.

Le modèle fredonnait à demi-voix un air de bravoure — son compagnon battait la mesure avec sa canne.

Après quelques pas dans la direction du boulevart, ils s'arrêtèrent d'un commun accord et se regardèrent.

— Où allons-nous? — demanda Léonidas.

— Nous z'allons z'où tu voudras...

— As-tu faim, Adolphe?...

— Toujours! — Et toi, z'as-tu soif?...

— Comme si que j'avais la pépie...

— Alors, ça t'irait de tortiller n'importe quoi z'avec quèques fioles de cachet vert?..

— C'est-z'à-dire que ça m'irait comme un habit neuf...

— Pour lors, allons-y gaîment !...

— Connais-tu z'un bon endroit par ici ?...

— Oui.

— Où donc ?...

— A cent pas, tout au plus — rue Basse-du-Rempart — un petit marchand de vin fricoteur qui cuisine comme un Dieu !...

— Ah ! ah !...

— Il a z'en cave un Argenteuil qui n'est pas piqué des z'hannetons, et c'est le premier homme de Paris pour les boudins à l'oignon et les côtelettes aux cornichons...

— Diable !...

— Aussi sa clientèle est quelque chose de cossu et de distingué... tous les gens comme il faut du quartier, jusqu'aux cochers de M. Bryon...

— Si c'est possible?...

— Parole d'honneur!...

— Ce gueux d'Adolphe!... connaît-il les bons endroits?...

— Un peu, mon vieux!...

Tout en devisant de cette façon, les deux hommes s'étaient remis en marche.

Ils atteignirent et ils traversèrent le boulevart, et ils ne firent halte que dans la boutique du marchand de vins sus-mentionné d'une si élogieuse manière.

Ils commandèrent un splendide déjeûner, dans lequel — avons-nous besoin de le dire — les boudins aux oignons et les côtelettes aux cornichons étaient les plats de résistance.

Quelques minutes après, tous deux s'attablaient, en face l'un de l'autre, dans une petite salle obscure baptisée du nom de *cabinet particulier* et saturée des parfums douteux de l'ail et des hostiles émanations du vin frelaté.

— Enfin, mon brave Lonidas — dit Galimand en trinquant avec le modèle, avant de porter à ses lèvres la première rasade — enfin es-tu content ?...

— Z'assez ! — répondit Léonidas.

— Tu vois que la chose marche comme sur des roulettes...

— Je n'en disconviens point.

— C'est que la Brancador est une honnête femme, ah ! mais !...

— Elle me produit tout à fait cet effet-là ?...

— Tu vas mpocher tes deux mille balles..

— J'en ai le folâtre espoir!...

— J'imagine que quand tu vas avoir dans ta poche les jaunets du banquezingue, ton intention z'est de m'offrir un *baltazard* assez soigné?...

— Sois calme, sois calme!... — On se fendra et on n'oubliera pas les amis...

— A la bonne heure!... c'est parler cela!

— Voilà comme je suis.

— Enfin, tout est bien entendu...

— Dam! il me semble...

— Demain soir, à six heures z'et demie, nous dînons avec ta fille chez la Brancador, mon illustre amie?...

— Convenu! archiconvenu!...

— Tu feras habiller Léontine le mieux possible...

— Parbleu !...

— La petite, un peu requinquée, sera belle comme une madone, sais-tu bien !...

— Tout le portrait de son père !... — soupira Léonidas en lissant ses longs cheveux gras.

— Le banquezingue sera pris au trébuchet.

— Ni plus ni moins qu'un pierrot trop amoureux...

— Et, désormais, tu pourras dormir tranquille, z'à l'instar de moi-même, car tu auras z'assuré le sort de ton enfant, comme moi celui de ma Paméla...

— C'est z'un devoir, Adolphe !... c'est z'un devoir !...

— Ah ! nous allons être, je m'en vante, une paire de pères crânement vertueux !...
— à ta santé, Lonidas !... vive la noce et la bamboche !...

XVI

Un banquier.

Parmi la collection si riche, si variée, si infinie des vices de tous genres qui enlaidissent et ridiculisent notre pauvre et triste humanité, il en est quelques-uns que des circonstances particulières et, pour ainsi parler, *aggravantes* rendent plus hideux encore.

Tel est, par exemple, le libertinage effréné de certains vieillards.

Si la débauche — cette plaie vivace — cette lèpre qui ronge le corps et l'âme — usant l'un et annulant l'autre — qui détruit successivement tous les sentiments généreux de la jeunesse et les annihile au profit des passions mauvaises — si la débauche, disons-nous, est déplorable à contempler chez des hommes assez jeunes encore pour en pouvoir combattre et dominer la fatale influence, que dire de celle qui gouverne en reine toute-puissante, en souveraine et arrogante maîtresse, des vieillards avilis par elle ?...

Qui conduit dans la fange des êtres dont

les pieds chancelants heurtent déjà les bords de la tombe, et qui devraient consacrer leurs dernières années et leurs derniers jours à donner aux générations qui les suivent de sages conseils et de sérieux exemples !...

Que dire enfin de ces roués à cheveux blancs — de ces pères de famille insensés qui, bien loin de se montrer jaloux de mériter et d'obtenir le respect de leurs fils, ne songent qu'à lutter de sottise et de dépravation avec ces derniers, et se sentent tout glorieux et tout joyeux quand ils ont remporté le prix de la lutte ?...

Nous ne connaissons dans aucune langue une épithète assez flétrissante pour stygmatiser comme ils le méritent ces méprisables fous secouant d'une main débile les grelots de leur marotte sexagénaire.

Et, par opposition, quoi de plus noble, de plus imposant, de plus charmant même, que ces beaux vieillards à l'aspect doux et solennel ?...

Leur front pur se couronne, comme d'une auréole, de leur chevelure argentée — leur regard limpide et profond est sévère et bienveillant tout à la fois — ils sont indulgents pour les passagères erreurs d'une jeunesse trop bouillante — ils sont sages pour le conseil — ardents encore pour l'exécution, lorsque de généreux sentiments agitent leur âme. — ils retrouvent la vigueur et l'élan des années disparues, pour donner à leurs petits-fils attentifs les grands exemples du courage et de la nobleses...

Fiers à juste titre d'une longue existence sans tache, honnêtement occupée dans des labeurs intelligents, ils aiment à tendre une main pleine d'encouragements à ceux qui posent le pied sur les premiers degrés de l'échelle dont ils occupent le sommet.

Véritables patriarches du monde moderne, leur unique joie, leur seule ambition est de terminer leur carrière dans les joies de la famille, sous le toit qui, grâce à leur travail incessant, s'est lentement agrandi pour offrir une aimante hospitalité à toute la tribu des enfants et des petits-enfants.

Mais si ces nobles et grands vieillards

sont le touchant symbole de la supériorité de la race humaine et la plus magnifique expression de son développement moral — ceux que nous avons inutilement cherché à qualifier plus haut, n'en sont-ils pas le côté dégradant et justement méprisé ?...

Et, par malheur, la classe en a toujours été et en sera toujours effroyablement nombreuse.

Un fait incontestable, et tristement digne de remarque, c'est que les êtres sans pudeur que nous signalons, se rencontrent surtout dans les régions de la haute banque.

En effet, sans parler des classes pauvres, dont les dernières années paient d'ordinaire, par des infirmités nombreuses, les excès du travail d'une trop laborieuse existence, la petite bourgeoisie ne nous offre que rarement ces types honteux de pères donnant à leurs enfants l'exemple d'une débauche attardée, qui n'a plus pour excuse l'entrain et la fougue de la jeunesse.

Puis, le fond du caractère de cette classe de la société, est un désir incessant d'acquérir, une crainte constante de tout plaisir dispendieux qui peut entraîner la ruine à sa suite.

Ces instincts, économes et conservateurs, éloignent forcément les petits bourgeois de toute dépense inutile.

Ce n'est pas précisément vertu;

C'est encore moins larges vues et sage prévision de l'avenir.

C'est tout simplement amour de conserver, désir d'amasser, besoin inné d'augmenter.

Mais ces défauts, minimes dans leurs proportions comme tout ce qui les entoure, se recommandent cependant par leur alliage habituel avec une qualité d'autant plus appréciable, qu'elle devient plus rare de jour en jour.

Je veux parler du respect de la famille et du bon exemple donné aux enfants par les parents.

Dans l'aristocratie, — et c'est de la réelle et grande aristocratie que nous parlons, — les chefs de famille ont, en général, un culte trop sérieux pour le nom qu'ils portent, pour ne pas le conserver pur.

La plupart de ces patriciens se livrent à des travaux de haute intelligence, — s'adonnent aux profonds calculs des sciences politiques, — étudient le mécanisme de ces rouages sans nombre qui font marcher les machines gouvernementales et qui ne se détraquent que trop souvent pour le repos de tous.

Bien peu désertent leur foyer blasonné, pour se livrer à de ridicules escapades.

Dans la classe financière, au contraire, dans celle qu'un insatiable désir de s'aristocratiser pousse à prendre le titre de *haute bourgeoisie*, dans celle-là, la dépravation règne et gouverne en maîtresse absolue.

Nous ne parlons, bien entendu, qu'en thèse générale, nous sommes prêts à admettre les exceptions, et nous souhaitons même qu'elles se présentent.

Dans la classe financière, disions-nous, les principaux mobiles de la vie sont l'amour du lucre et la passion du luxe.

Là, les vices pullulent, et ils sont hideux, — quelque soit le soin avec lequel on les farde, et surtout avec lequel on les dore.

Pourquoi, depuis quelques années, voit-on les filles de marbre et les filles de plâtre pulluler sur le pavé de Paris dans de si effrayantes proportions ?...

La raison en est simple.

Il faut attribuer ce débordement de corruption féminine à ces rapides et scandaleuses fortunes qui résultent des fluctuations incessantes de la bourse, cet antre de bandits, cette caverne de voleurs, que nous ne saurions comparer qu'à la forêt de Bondy, de pillarde mémoire.

Nous savons bien que le matérialisme épais et brutal a, de tout temps, été l'un des principaux attributs de messeigneurs les gens de finance. — Nous savons bien que les traitants et les fermiers généraux lui élevaient jadis de nombreux autels, — mais doit-on pardonner au vice parce que, de tout temps, il eut de fervents adorateurs ?

Franchement, nous ne le croyons pas.

N'allez pas supposer au moins, cher lecteur, que notre intention soit d'entreprendre ici l'inutile et gigantesque travail qui consisterait à mettre en lumière les ridicules, les travers, les passions mauvaises de la race des financiers...

A quoi bon ?

D'innombrables volumes n'apprendraient rien à ceux qui les liraient, et ne corrigeraient point ceux que nous attaquerions le plus impitoyablement.

Revenons à nos moutons, — c'est-à-dire à ces vieillards sans pudeur qui souillent leurs cheveux blancs dans les joies honteuses du libertinage et de la débauche.

Nous disions que c'était surtout parmi les hommes de bourse et de banque que se rencontrent ces vieux fous qui cachent sous une perruque artistement juvénile l'ivoire jauni de leurs crânes dénudés, — qui teignent leurs moustaches et leurs favoris, — qui sanglent dans des ceintures baleinées leur abdomen majestueux, qui s'efforcent en un mot, mais en vain :

« De réparer des ans l'irréparable outrage !... »

Nous devons ajouter, pour être justes, que certains vieux diplomates en disponibilité, et bon nombre d'ex-généraux hors d'âge, méritent à tous égards de figurer dans cette galerie de grotesques, — se font les protecteurs des jeunes danseuses et des pécheresses émérites, — tutoient avec orgueil et bonheur les figurantes de l'Académie impériale de musique et les polkeuses de Mabille et du Ranelagh, — sont de tous les bals d'actrices et de courtisanes à la mode, et ne manquent jamais, les jours de ballet, de venir occuper à l'Opéra leur fauteuil d'orchestre.

Ah! si la réflexion pouvait faire jaillir un éclair de bon sens de ces cerveaux usés et détraqués, comme ces Adonis goutteux rougiraient du rôle extravagant qu'ils acceptent bénévolement!!...

Mais, de ce qu'ils se font illusion à eux-mêmes, ils concluent fort illogiquement qu'ils doivent, de la même façon, faire illusion au public, et ils ne s'aperçoivent pas que le piédestal sur lequel ils se posent ne sert qu'à les mettre mieux en vue, pour les exposer, comme un pilori bouffon, aux railleries et aux huées des spectateurs, et même à celles de leurs compagnons de plaisir.

Quoi de plus repoussant, à tous les points de vue, que cette union libertine entre une pauvre créature de vingt ans, si perdue qu'elle soit d'ailleurs, et un *Géronte* de soixante et dix qui s'efforce de jouer les *Valère* et les *Clitandre?...*

Détail curieux, mais irrécusable, malgré son invraisemblance, plus l'homme vieillit, plus il lui faut une maîtresse jeune!

Pauvres niais, combien vous le payez cher, ce droit de donner le titre de *maîtresse* à des créatures qui vous trompent avec leur coiffeur, — avec le fils de leur concierge, ou avec le jeune premier de quelque petit théâtre, — et souvent avec tous les trois.

Que direz-vous à vos fils, quand vous les verrez quitter la ligne droite pour s'engager dans les mauvais chemins?...

Quel poids auront vos paroles auprès

de vos filles, dont vos exemples funestes détruiront l'innocence et causeront peut-être la chute?...

Est-ce que chaque reproche échappé de vos lèvres, ne reviendra pas vous frapper en pleine poitrine?

Mais, des reproches, songerez-vous seulement à en adresser à ceux sur qui vous devriez veiller?

Non!... et si le trouble et le malheur viennent s'abattre sur votre famille, vous vous soucierez peu d'y rétablir l'ordre et la paix, et vous vous en irez gaillardement souper aux *Frères-Provençaux*, en compagnie de mesdemoiselles *Tata* et *Nichette*, et d'autres drôlesses dont les sobriquets enfantins vous sont si chers.

Et, quand la mort viendra vous toucher

de sa griffe puissante, — quand vous disparaîtrez de ce monde, où vous avez si mal vécu, qui vous pleurera ?

Personne !

Qui songera à vous ?...

Vos héritiers, — jusqu'à la complète liquidation de l'héritage !

§

Ceux de nos lecteurs qui ont bien voulu nous suivre dans cette longue digression, auront certainement compris, — du moins nous nous plaisons à le croire, — que cette digression avait un but, et que ce n'est point sans motif que nous l'avons placée dans cet endroit de notre livre.

Empressons-nous de leur dire que s'ils ont cru cela, ils ne se sont point trompés.

Notre intention, en effet, est de mettre en scène, dans les pages suivantes, un nouveau personnage qui va jouer un rôle dans notre récit, et qui, par son âge, sa position, son caractère et ses allures, appartient à la classe de ces vieillards méprisables sur lesquels nous venons de nous étendre si longuement.

M. de Vaunoy est un homme de soixante-deux à soixante-cinq ans, — grand de taille, — rouge de teint, et blanc de cheveux.

Son père, ancien fournisseur des armées impériales, s'était enrichi par des rapines sans nombre

Possesseur, dès sa majorité, de capitaux importants, le jeune Vaunoy, doué au plus haut point de l'entente des affaires, participa à toutes les grandes opérations financières.

Sa fortune colossale, — ses succès constants à la Bourse, — sa maison de banque, en relations avec tous les principaux comptoirs des capitales européennes, — la particule nobiliaire dont il a trouvé bon de faire précéder son nom, — lui ont valu une douzaine de décorations étrangères qu'il étale en brochette à la boutonnière de son habit.

Marié de bonne heure à une très riche héritière, il n'a jamais cessé d'être ce que le monde appelle un *excellent mari*, c'est-à-dire qu'il a vécu de son côté, en une parfaite indépendance, laissant sa femme absolument libre et maîtresse de ses actions.

Il a deux filles, — mariées l'une et l'autre, et l'une et l'autre mères de famille, ce qui le constitue bien et dûment grand-père, quoiqu'il affiche les plus juvéniles prétentions.

Nous avons dit qu'il était grand.

Nous devons ajouter qu'un notable embonpoint alourdit sa taille, jadis svelte, bien prise et cambrée.

Des pieds énormes, plats et épais, roturiers dans toute la force du terme, constituent d'ailleurs une base fort rassurante pour la complète sécurité de l'édifice qu'ils supportent.

Ses mains, comfortablement plébéiennes, sont en rapport avec ses extrémités inférieures, et menacent sans cesse de faire éclater à toutes les coutures les gants paille qui les étranglent sans pouvoir les amincir.

Son cou très court, très gros, très apoplectique, s'emmanche sur des épaules carrées, — véritables épaules de portefaix, — surmontées d'une tête aux oreilles larges et rouges.

Ses joues flasques et pendantes rejoignent son double menton, — sa bouche est lippue et sensuelle, — ses petits yeux gris, étincelants, disparaissent à moitié sous d'épais sourcils en broussailles, soigneusement teints en noir, mais tirant le plus souvent sur le vert-russe.

Deux splendides boutons en diamants,

d'une valeur de dix mille écus, tout au moins, attachent la chemise de fine toile de Hollande de M. de Vaunoy, et ses amis intimes ont fait la remarque que, quelque fut d'ailleurs sa toilette, quelque fut l'heure à laquelle on le rencontrât, les deux boutons étaient invariablement fixés à leur place habituelle.

De là, les amis avaient naturellement conclu que les boutons en question faisaient partie intégrante de l'individualité du banquier.

XVII

Un banquier (suite).

Nous qui n'avons jamais eu l'honneur de compter au nombre des familiers du personnage qui nous occupe, nous dirons tout simplement que M. de Vaunoy ne tenait autant à ne se jamais séparer de ses boutons, que parce que leurs étincellements, qui révélaient le millionnaire, avaient valu à leur propriétaire trois fois heureux bon nombre d'œillades provocantes et de sourires pleins de promesses, souvent réalisées.

Le moyen d'être cruelle avec un homme qui porte à sa chemise des diamants de dix mille écus?...

Les Lucrèces de l'Opéra et les vertus de la Bohême galante sentaient se fondre leur chasteté sous les rayons de ces merveilleux bijoux.

M. de Vaunoy, du reste, apportait un soin extrême dans les moindres détails de sa mise, et le plus méticuleux des censeurs de la fashion financière n'aurait point trouvé l'occasion de formuler un blâme

de quelqu'importance à l'endroit du grand
œuvre de sa toilette.

Au moral, le banquier offrait un assemblage bizarre de qualités et de défauts opposés et qui hurlaient de leur accouplement imprévu.

Fastueux, — prodigue même, — répandant l'or à pleines mains et sans compter, lorsqu'il s'agissait d'éblouir le public ou de satisfaire quelque fantaisie clandestine, M. de Vaunoy se montrait d'une sordide avarice dans les moindres détails de la vie.

Il payait sans murmurer et sans marchander un bracelet de cent louis, un cachemire de mille écus, lorsque ces coûteuses bagatelles lui devaient procurer ses petites entrées dans le boudoir d'une pécheresse en vogue...

Il soldait, sans mot dire, le lourd mémoire du tapissier d'une actrice du Palais-Royal ou des Variétés...

Il laissait son maître-d'hôtel puiser largement dans sa caisse, le jour où il réunissait ses *collègues* et ses flatteurs en un grand dîner, en une soirée, ou dans un bal...

Il faisait tout cela, et il cherchait querelle à son jardinier, pour l'acquisition de quelques fleurs qui lui semblaient trop coûteuses...

Il voulait obtenir de son bottier une diminution sur le prix de ses chaussures...

Il menaçait son valet de chambre de le

jeter à la porte, parce qu'une boîte de cigarres avait trop rapidement diminué.

Fier, orgueilleux, irascible avec ses inférieurs, il affichait bien haut son prétendu mépris pour les titres de noblesse, quoiqu'il eut, nous le savons, ajouté un *de* à son nom plébéien...

Courtisan assidu des grands et des puissants du jour, il se montrait fort désireux d'ouvrir à deux battants les portes de son salon aux invités aristocratiques qui, parfois, s'y fourvoyaient...

Il avait applaudi tout haut, mais en gémissant tout bas, à la loi qui proclamait l'abolition des majorats, car il caressait au fond de son cœur, le secret espoir de faire un jour ériger une de ses terres en *baronnie* ou en *comté*.

Fidèle abonné de l'Opéra, dont les coulisses lui étaient ouvertes par droit de conquête, — il connaissait par leur petit nom toutes ces demoiselles du corps de ballet, et il affectait les airs du monde les plus ridiculement régence et Pompadour, pour prendre le menton à celle-ci, et proposer à celle-là un souper en tête-à-tête au *Café-Anglais.*

Jupiter de la finance, il trouva toujours ouvertes les fenêtres et les portes des Danaës modernes qui, après avoir reçu la pluie d'or, redoublaient assez habituellement d'amabilité dans l'espoir d'une seconde averse.

Enfin, — et pour achever ce portrait par une dernière touche qui complètera la ressemblance, — M. de Vaunoy affirmait très sérieusement et très sincèrement à ses amis que ses maîtresses lui étaient fidèles, et qu'elles l'aimaient *pour lui-même*, exclusivement et sans partage.

§

L'agréable financier qui nous occupe, — au jour et à l'heure où nous le mettons en scène, était assis devant une toilette duchesse, dans la chambre à coucher de son hôtel de la rue de Provence.

De la main gauche il tenait un petit miroir, et de la droite une brosse dont il se servait pour donner une dernière couche de teinture à ses favoris noirs et luisants.

Debout derrière lui, son valet de chambre s'apprêtait à disposer artistiquement les massifs de son faux toupet (un chef-d'œuvre de Giovanni!) de façon à dissimuler le mieux possible les rides du front et les flétrissures des tempes.

Cette délicate et minutieuse opération terminée, M. de Vaunoy, déjà vêtu d'un pantalon noir qui le sanglait à outrance, et d'un gilet blanc qui lui comprimait violemment le torse, M. de Vaunoy, disons-nous, endossa un frac bleu à boutons d'or.

Puis il se tourna et se retourna, se mirant avec complaisance dans toutes les glaces et sous tous les aspects.

Après cet examen de sa personne, qui, d'ailleurs, parut le satisfaire d'une façon complète, le banquier s'arrêta en face de son valet de chambre et l'interrogea du regard.

Le valet, fort habitué sans doute à cette question muette, répondit à l'instant même :

— Monsieur le baron est prodigieux !... d'honneur, on ne lui donnerait pas vingt-huit ans !...

Vaunoy, dans son intérieur, permettait assez volontiers à ses gens de l'appeler : *monsieur le baron...*

— Vingt-huit ans!! — répéta-t-il en minaudant à la façon des vieilles coquettes de Molière et de Régnard : — Allons ! allons, Germain, tu me flattes !!...

— Ma foi, non, monsieur le baron !...

— Si bien conservé que je puisse être,

je parais bien au moins trente-cinq ans...

— Impossible d'en convenir !... tout ce que je puis faire, c'est d'accorder la trentaine à monsieur le baron...

— Le fait est que la tournure est leste, la hanche souple et le jarret dégagé...

— Je ne connais aucun cavalier qui puisse rivaliser de grâce et d'élégance avec monsieur le baron...

— Cet habit me va-t-il bien ?...

— Comme un gant ! — il est d'ailleurs impossible de ne pas habiller miraculeusement monsieur le baron, qui donnerait du *chic* et du *genre* à l'habit d'un tailleur de village...

M. de Vaunoy sourit.

Les appréciations de son valet de chambre formulaient très exactement sa propre pensée.

Après un silence de quelques secondes, il reprit :

— Germain, mes gants...

— Les voici, monsieur le baron...

Vaunoy se ganta, non sans peine, et à grand renfort de poudre de savon.

— Germain, mon chapeau...

Vaunoy ajusta sur le côté droit, d'une façon crâne et conquérante, un chapeau anglais de la forme la plus nouvelle.

— Germain, cette lettre qui est là, sur la cheminée...

— La voici, monsieur le baron...

Vaunoy prit la lettre déjà décachetée et déjà lue.

Il la parcourut du regard, et il murmura, d'un ton moitié haut et moitié bas :

— C'est bien pour dix heures... — J'ai près d'une heure et demie devant moi !... — Quelle femme utile et charmante que cette chère madame Brancador !...

Puis, tout haut :

— Germain ?...

— Monsieur le baron ?...

— Le coupé est-il attelé ?

— Oui, monsieur le baron, — Antoine est sur son siége depuis près d'une demi-heure.

— A merveille... — Mon par-dessus...

Germain enveloppa le banquier dans un twine moelleux et venu de Londres en droite ligne.

Ensuite, il demanda :

— Devrai-je attendre monsieur le baron ?...

— Non, — je rentrerai probablement fort tard, — peut-être même pas du tout...

— Monsieur le baron me permet-il d'oser formuler une supposition ?...

— Formule, mon ami Germain, formule!...

— Eh bien, monsieur le baron va en bonne fortune...

— Qui te fait supposer cela?...

— La grande habitude que j'ai de voir monsieur le baron... — Le regard de monsieur le baron brille comme une véritable escarboucle quand monsieur le baron court se jeter dans les bras de quelqu'heureuse amante...

— Tu ne te trompes pas, mon ami Germain, — répliqua Vaunoy avec le sourire d'un triomphateur, — et jamais plus jolie prêtresse ne fut au moment de sacrifier à l'amour, que celle qui m'attend dans les *bosquets de Paphos!!...*

Et, après avoir donné à son valet de chambre cet échantillon de style anacréontique et mythologique, le banquier quitta sa chambre et descendit l'escalier, l'œil émerillonné et le jarret tendu.

XVIII

Rue Mogador.

M. de Vaunoy monta en voiture, et donna l'ordre à son cocher de toucher au cercle du boulevart Montmartre, où il avait l'habitude de se rendre chaque soir après son dîner.

Arrivé là, il renvoya ses gens, — il gagna le premier étage, et il entra dans les salons élégants du club, où il fut accueilli avec toute la considération qu'il méritait.

Il y passa environ une heure.

A dix heures moins un quart il en sortit, en annonçant qu'il reviendrait peut-être faire un wisth, vers minuit ou vers une heure du matin ; — il alluma un cigare, et, comme le temps était beau et sec, il suivit pédestrement les boulevarts, dans la direction de la rue de la Chaussée-d'Antin.

Sans doute il allait chez la Brancador, qui, nous le savons, demeurait rue Mogador (*).

(*) Dans l'un des précédents chapitres, nous avons dit que madame Brancador demeurait rue Neuve-Saint-

Or, ce soir-là, — nous le savons également, — Léontine, Léonidas et Galimand dînaient chez la respectable protectrice de mademoiselle Paméla.

Léontine, en apprenant par son père l'invitation inattendue de la Brancador, avait senti je ne sais quel secret instinct de terreur s'éveiller dans son âme.

Elle s'était demandé, mais vainement, quels motifs la pouvaient faire inviter ainsi par cette femme qu'elle ne connaissait pas.

Enfin, elle avait essayé de refuser d'accompagner son père.

Léonidas, exaspéré par ce refus, s'était

Augustin. — C'était une erreur que nous nous empressons de rectifier.

abandonné à toute sa brutalité habituelle.

Léontine, menacée par lui, presque maltraitée, s'était vue dans l'impossibilité de résister plus longtemps.

Au moment où M. de Vaunoy sonnait discrètement à la porte de la Brancador, Léonidas, Galimand et leur hôtesse se trouvaient seuls dans la salle à manger.

Léontine, n'était plus avec eux.

Retournons de quelques pas en arrière, et disons à nos lecteurs ce qui s'était passé avant ce moment.

§

— Eh bien ! — s'était écrié Galimand en

arrivant chez son ami Léonidas, qu'il venait chercher pour le conduire avec sa fille au dîner de l'entremetteuse, — eh bien ! z'est-elle prête, la petite ?...

— Dans l'instant, — répondit le vieux modèle, fort occupé à réussir un nœud triomphant à son énorme cravate de mérinos noir, et se regardant avec complaisance dans un fragment de miroir suspendu contre la muraille.

— Qu'est-ce qu'elle fait ? — reprit Galimand.

— Elle se fignole, — répliqua Léonidas, — histoire de donner z'un dernier coup de fion à ses z'ajustements... — elle obtempère aux z'ordres z'impératifs de son père ici présent !... — Cré coquin !... je te promets et je te garantis, Galimand, qu'elle fera z'honneur à ses introducteurs dans la haute socilliété...

— J'entends bien ; mais, cependant, faudrait voir z'à se dépêcher un petit peu !...

— Pourquoi donc ça ?... nous ne sommes point z'en retard...

— Non, mais j'ai z'en bas z'un sapin à l'heure...

— Et tu ne voudrais pas faire attendre le ver rongeur ?...

— Parbleure !...

— Compris ! — on y va dire de mettre les lacets en quatre !...

Et Léonidas, s'approchant de la porte qui donnait dans la seconde pièce, cria à Léontine de sa voix enrouée et canaille :

— Eh ! hop ! petiote !... — finissons ça

en deux temps z'et trois mouvements !... — Le sapin nous attend, et Galimand n'est pas content !...

— Plus que ça de rimes !... — dit le père de Paméla en riant.

— Voilà comme je suis !... je ne me refuse rien !... je parle en *verses,* comme les chansons de *mossieu* Béranger... un rude lapin !...

On entendit tirer un verrou, — la porte s'ouvrit, et Léontine, complètement habillée, entra dans la pièce où les deux hommes l'attendaient.

La jeune fille était vêtue avec une simplicité presque pauvre dans ses détails, et cependant élégante dans son ensemble.

Une petite robe de soie noire, achetée jadis au Temple, humble robe, bien flétrie et bien fanée, semblait encore à peu près neuve tant elle dessinait avec grâce la taille souple et charmante de Léontine.

Un col plat et des manchettes unies se détachaient sur cette robe.

Un mantelet de taffetas noir, et l'unique chapeau de la pauvre enfant, complétaient cette toilette.

Des gants de peau de Suède, raccommodés avec une patience et une habileté féeriques, cachaient les mains mignonnes qui faisaient, nous le savons, l'admiration de Maurice Torcy.

— Me voici, mon père, je suis prête, —

dit Léontine en évitant de jeter les yeux sur Galimand qui lui inspirait un insurmontable dégoût.

Mais l'honorable ami de Léonidas affectait de ne se point apercevoir de cette répugnance.

— Tron de Dious! — s'écria-t-il, en donnant à ce juron l'intonation marseillaise et en frappant ses deux mains l'une contre l'autre avec un grotesque enthousiasme, — tron de Dious!... comme vous voilà donc belle z'et reluisante, mam'selle Léontine!... — Parole sacrée, c'est pis que z'un soleil, et même que j'en ai mes œils éblouis!...

— Ah! le fait est, — répliqua Léonidas

avec conviction, — le fait est que la petiote est z'astiquée, comme qui dirait d'une demoiselle de la haute, et que je la croirais susceptible de donner dans l'œil z'à n'importe qui...

— Parbleure ! — fit Galimand avec une grimace de satyre en goguette.

Puis il ajouta :

— Et, z'à présent, attention au commandement !... — par le flanc droit, demi-tour z'à droite !... — pas accéléré !... z'arche !...

Et il sortit le premier, en se dandinant et en imitant avec sa grosse canne les mouvements d'un tambour-major.

Le père et la fille le suivirent.

Léonidas était radieux ; — Léontine sentait sa tristesse s'augmenter, et ses pressentiments sinistres grandissaient de minute en minute, de seconde en seconde.

Nos trois personnages montèrent dans ce fiacre que Galimand appelait son *ver rongeur* et qui se mit lourdement en route dans la direction de la rue Mogador.

Le père de Paméla et le vieux modèle allumèrent aussitôt leurs pipes, et Léontine fut obligée de tenir son visage à la portière pendant toute la durée du trajet, sous peine d'être suffoquée par l'odeur âcre et nauséabonde du mauvais tabac de contrebande qui brûlait dans les *marseillaises* ultra-culotées.

Enfin la voiture s'arrêta.

On était arrivé à la maison de la Brancador.

L'entremetteuse demeurait au second au-dessus de l'entresol.

Les deux hommes et la jeune fille gravirent les marches du large escalier, recouvert d'un épais tapis, et Galimand agita d'une main ferme le gland cramoisi de la sonnette.

— Bonjour, petite, — dit-il d'un ton cavalier à la femme de chambre qui vint ouvrir ; — c'est moi que je suis le père de Paméla, et voici mon ami z'et sa demoiselle... — la *bourgeoise* nous attend tous les trois...

— Entrez, — fit la soubrette en souriant.

— Ah ! c'est que je suis connu z'ici, et avantageusement, je m'en pique ! — murmura Galimand avec un écart de poitrine.

Et il passa.

Après avoir traversé un grand salon, dont le luxe voyant et de mauvais goût étonna Léontine qui n'avait rien vu de pareil chez les artistes qu'elle connaissait, Galimand frappa à une porte qui s'ouvrit aussitôt, et madame Brancador elle-même daigna se montrer aux regards de ses visiteurs.

L'entremetteuse était une femme courte

et grosse, d'une tournure plus que vulgaire et d'un âge indécis.

Elle pouvait n'avoir que quarante-cinq ans, — elle pouvait en avoir plus de cinquante.

Pour nous servir d'une expression fort acceptée dans le mauvais monde, la Brancador se *maquillait* à outrance.

Ses rares cheveux, vigoureusement crépés, connaissaient les utiles ressources de l'eau africaine et des cosmétiques rajeunissants.

Le blanc en liqueur, — le rouge végétal, — le carmin des sultanes, etc..., s'étalaient en façon de pastel sur ses joues flasques et couperosées et sur ses lèvres livides.

Ses dents étaient bien à elle et remarquables par leur éclat de qualité supérieure. — Elle les avait payées, argent comptant (sans escompte), chez un Williams Roger ou chez un Fattet quelconques.

Ses *appas* volumineux et flottants, — ignorants la contrainte du corset, comme on disait au commencement de ce siècle, — retombaient en cascades luxuriantes presque jusque sur la ceinture de sa belle robe d'un damas de soie de première catégorie, qui coûtait, ma foi, vingt-deux francs le mètre.

Ajoutez à ces détails un bonnet à rubans

d'un rose vif, — des boucles d'oreille de corail, — des bracelets jusqu'aux coudes, — des bagues à tous les doigts de ses mains d'une forme triviale, — une volumineuse chaîne de montre, — un col de guipure, — des bas de soie, — des babouches algériennes brodées d'or, — et vous aurez une idée à peu près exacte de la personne et de la toilette de madame Brancador.

Disons en outre que ses lèvres peintes souriaient sans cesse, d'un sourire à peu près pareil à celui des danseuses dans l'exercice de leurs fonctions, — et que ses petits yeux gris et clignottants offraient une remarquable expression d'astuce et de duplicité.

XIX

La Brancador et Léontine.

— Bravo! — s'écria la Brancador avec le plus gracieux de ses sourires stéréotypés. — Bravo!... mes convives sont exacts!!...

Puis elle ajouta, en prenant les deux

mains de Léontine dans les siennes et en les serrant avec toutes sortes de démonstrations expansives :

— La voilà donc, cette chère biche, cette gentille chatte, que je désirais si vivement connaître et dont on m'avait dit tant de bien, mais tant de bien, que je croyais, Dieu me pardonne, à quelque peu d'exagération !... — je vois maintenant qu'on ne m'avait pas trompée !... — qu'elle est jolie ! — qu'elle est mignonne !... qu'elle est gracieuse !... — Mais c'est un ange !... un véritable ange !... je n'ai jamais rien rencontré d'aussi parfait !... — Allons, ma belle petite, venez-vous asseoir auprès du feu, et chauffez bien vite ces jolis pieds de Cendrillon !... — Ah !

mais, c'est que nous allons devenir une paire d'amies, savez-vous !... — Quant à moi, je sens déjà que je vous aime à la folie !!...

Et la Brancador accompagnait d'une foule de caresses cet inépuisable flux de paroles.

— Hein ! *quelle platine !...* — murmura Galimand en donnant un grand coup de coude à Léonidas.

— Ah ! le fait est — répliqua ce dernier — que pour une langue bien pendue, voilà z'une langue bien pendue !!...

— Qu'est-ce que tu dis de ça, Lonidas ?

— Je dis, Galimand, qu'une enjoleuse

de ce calibre-là, entortillera la petite aussi facilement que nous boirions z'un verre de vin, toi z'et moi, et que l'enfant n'y verra que du feu !...

Tandis que ces répliques s'échangeaient à voix basse entre les deux gredins, Léontine, tout étourdie par la turbulente loquacité de la Braucador, ne savait que répondre.

L'entremetteuse, sans s'inquiéter du silence de la jeune fille, poursuivit :

— Allons, ma cocotte, allons, mon petit poulet mignon, ôtons bien vite notre mantelet et notre chapeau... mettons-nous à notre aise...

Et, joignant l'action aux paroles, la

Brancador enleva lestement le chapeau et le mantelet de Léontine et poussa de grandes exclamations d'admiration et de ravissement à la vue de sa taille et de ses cheveux.

Galimand, fort enchanté de prouver à Léonidas qu'il était dans la maison sur un pied de familiarité absolue, interrompit l'extase de l'entremetteuse en s'écriant d'un ton cavalier :

— Eh bien ! ma commère, est-ce qu'on n'offre pas l'absinthe aux amis, histoire de leur z'y ouvrir l'appétit, pour qu'ils soyent mieux z'à même de faire z'honneur au dîner ?

— Si, parbleu ! — répondit la Brancador en dissimulant une grimace de mécontentement, car le sans façon de Galimand ne lui plaisait qu'à demi.

Elle sonna et elle dit à la soubrette qui se présenta :

— Servez de l'absinthe à ces messieurs...

Tandis que les deux hommes préparaient le pernicieux breuvage qui, chaque jour fait plus de victimes que l'arsenic ou que l'acétate de morphine, l'entremetteuse s'étonnait *in petto* du peu d'admiration manifestée par la jeune fille en présence des splendeurs de la pièce dans laquelle elle se trouvait.

Cette pièce (la chambre à coucher de la

Brancador) était en effet meublée avec une grande richesse.

Les chauffeuses, les poufs, les *crapauds*, recouverts en lampas de couleur bouton d'or, tranchaient violemment sur le tapis d'un rouge vif.

La pendule et les candélabres, entièrement dorés, affectaient les formes prétentieuses et le style maniéré du Louis XV de pacotille.

Le lit était en imitation de Boule, l'armoire à glace également.

Sur le papier cramoisi qui servait de tenture, quatre médiocres copies, d'après Boucher, étalaient, dans des cadres surchargés d'ornements, les formes grassouillettes de leurs Vénus indécentes.

Une triple chaîne argentée suspendait à la rosace du plafond une veilleuse en albâtre dont les reliefs représentaient des scènes amoureuses.

— Qu'est-ce que vous dites de tout cela, ma biche blanche ? — demanda la Brancador à Léontine qui, nous le savons, semblait indifférente à toutes ces merveilles.

— Tout cela est très beau, madame... — répondit la jeune fille.

— Vous n'aviez jamais rien vu de pareil, n'est-ce pas ?

— Jamais, madame.

— Vous seriez bien heureuse, j'imagine, d'avoir un ameublement comme celui-là ?...

— Je n'ai pas l'idée d'ambitionner autant de luxe, madame...

— Pauvre cher amour !... et pourquoi donc ne pas avoir un peu d'ambition ?...

— Si j'avais de l'ambition, ce n'est pas cela que je souhaiterais... — Les beaux meubles font-ils le bonheur ?

— Parbleu !... ils y contribuent beaucoup, du moins.

— Je ne sais pas de quelle façon.

— Est-elle naïve, et simple, et gentille !... — s'écria la Brancador avec enthousiasme — c'est à la croquer, cette cocotte-là ! !

Puis elle reprit :

— Et dites-moi, selon vous, ma chérie, qu'est-ce donc qui fait le bonheur ?...

Léontine soupira.

— *Cœur qui soupire n'a pas ce qu'il désire!...* — fit la Brancador en riant, — c'est connu comme le loup blanc, ça, ma belle biche, — mais soupirer n'est pas répondre... — Allons, un peu de franchise avec votre bonne amie, — laissez-moi voir ce qui se passe dans cette jolie tête...

— Mon Dieu! madame, — balbutia Léontine, — il me semble que pour moi le bonheur serait bien facile et bien peu exigeant... — Je n'ai guère de besoins et je n'ai pas de désirs... — le luxe ne me séduit pas... — qu'en ferais-je ? — Vivre tranquillement, d'un travail honorable, dans une obscurité modeste, voilà tout ce qu'il faudrait pour me rendre heureuse...

— Vous vous contentez vraiment de trop peu de chose, ma petite, — s'écria la Brancador avec un éclat de rire contraint et grimaçant, — de trop peu de chose, en vérité !

— Vous voyez bien que non, puisque ce qui vous semble si peu, je ne puis pas même l'obtenir.

— Quand on n'a pas l'expérience de la

vie, on se fait comme ça des idées absurdes à propos de toutes sortes de choses, — mais ça changera.

— J'en doute, madame.

— C'est moi qui vous en réponds.

Léontine ne voulait pas discuter, — elle garda le silence.

Madame Brancador reprit :

— Jeune, jolie, séduisante autant qu'on puisse l'être, ce n'est pas l'obscurité qu'il vous faut, — c'est la lumière, c'est l'éclat. — Vous ressemblez aux petites violettes qui se cachent sous l'herbe, et qui n'en sont pas moins toutes joyeuses quand on les met dans de beaux bouquets avec des roses mousseuses et des camélias...

— Je ne sais pas si elles sont joyeuses, mais je sais qu'on les cueille avant de les mettre dans les bouquets dont vous parlez, et que le lendemain elles sont mortes et flétries... — Est-ce là le bonheur, madame ?...

— *Mazette!* — murmura la Brancador en aparté, — la petite est d'une jolie force !

Puis elle ajouta mentalement :

— Inutile de chercher à la prendre par

les sentiments, — va donc pour les grands moyens !

— Je pense que nous allons nous mettre à table, — dit-elle ensuite; — je vais donner un coup d'œil à la cuisine et recommander qu'on ne laisse pas brûler le rôti...

Et l'entremetteuse sortit de la chambre.

Pendant sa courte absence, Galimand et Léonidas ne s'occupèrent qu'à *siroter* leur absinthe avec une muette et religieuse volupté.

Quant à Léontine, assise auprès du feu, elle éprouvait un malaise étrange.

Une immense tristesse s'emparait de son être tout entier, — son cœur se gonflait à se briser, — de grosses larmes perlaient sous ses longs cils et tombaient une à une sur ses joues.

Vainement elle se demandait d'où pouvait venir cette angoisse, semblable à celle de quelqu'un qui va mourir. — Vainement elle se disait qu'elle était folle de se laisser abattre ainsi par cette douleur sans cause, et de courber la tête sous cette épouvante sans motif.

Comme une jeune poitrinaire qui voit sa dernière heure approcher, elle regrettait la vie, si triste cependant pour elle; — elle regrettait les rayons du soleil, — elle regrettait l'atelier de Maurice Torcy...

Et, de minute en minute, elle en arrivait à se dire avec une conviction plus désespérée, que c'en était fait d'elle, et qu'elle ne reverrait jamais ni le soleil, dont les rayons la réchauffaient, ni le jeune artiste, dont les paroles consolantes faisaient battre son cœur.

En ce moment, la Brancador rentra dans la chambre.

XX

Le vin muscat

— A table !... à table !... — dit l'entre-metteuse, — la soupe est sur la table, ne la laissons pas refroidir !...

Léonidas et Galimand poussèrent un hourrah d'enthousiasme.

Madame Brancador saisit Léontine par le bras et l'entraîna.

Les deux vieux gredins se prirent par la taille et suivirent les deux femmes en exécutant une polka grotesque.

La salle à manger offrait ce comfort prétentieux et odieusement bourgeois qui se retrouvait dans toutes les pièces de l'appartement de l'entremetteuse.

Un tapis épais et chaud, mais vulgaire, couvrait le parquet; — la table, les étagères et les chaises étaient en acajou sculpté, — bois infâme, et que je ne saurais trop vouer à la très juste exécration de la postérité, comme étant le bois chéri des portiers de Paris, et des filles entretenues, mal entretenues.

Un vaste abat-jour vert, illustré de burlesques ombres chinoises, concentrait les rayons lumineux d'une lampe Carcel suspendue au plafond.

Le linge était beau, — l'argenterie massive, — les porcelaines beaucoup trop dorées, — les cristaux beaucoup trop taillés; — mais l'ensemble du service, — au point de vue de madame Brancador et de beaucoup de gens infiniment plus estimables que cette matrone, — constituait le *nec plus ultra* du luxe et du bon goût.

Des vins de toute sorte et de toutes couleurs étincelaient, comme des pierres précieuses en fusion, dans des carafons à facettes.

— Faut être franc z'et sincère! — s'écria Galimand en s'arrêtant sur le seuil, tout pénétré d'une religieuse émotion, — j'ose avancer que ceci dégotte z' assez proprement les galas les plus chicocandards de toutes les majestés couronnées!... — Qu'est-ce que tu dis de ça, Lonidas?...

— Ah! dame! — répliqua le vieux modèle, — je dis que j'en ai comme qui dirait z'un éblouissement!...

— Mes pauvres amis, — fit la Brancador avec une feinte modestie, — ne vous extasiez pas ainsi pour si peu, — ça n'en vaut vraiment pas la peine, — j'ai dix fois mieux que tout cela dans mes *ormoires*...

— Si c'est possible !! — murmurèrent les deux hommes.

— Oui, mes petits vieux, et je le réserve pour de meilleures occasions... — quand je reçois des gens comme il faut, par exemple, — ajouta l'entremetteuse, sans penser à mal.

Du reste, ses convives, — hâtons-nous de le dire, — ne songèrent pas un seul instant à se formaliser de la phrase incidente que nous venons de rapporter.

La susceptibilité des deux gaillards s'effarouchait difficilement, — surtout en face d'une table copieusement servie.

Chacun s'assit, et la Brancador fit placer Léontine à côté d'elle.

Le repas fut excellent.

Les vieilles femmes extrêmement vicieuses sont en général, et peut-être sans exceptions, effroyablement gourmandes. — Tous les vices se donnent la main !...

L'entremetteuse, corrompue et riche, se faisait un Dieu de son ventre, et depuis que l'âge l'avait forcée à renoncer d'une façon à peu près complète aux joies de la débauche, elle mettait les plaisirs de la table au-dessus de tous les autres.

La digne matrone savourait donc avec une volupté sans mélange les jouissances de la victuaille, — mais elle avait adopté une spécialité dans la goinfrerie.

Elle faisait peu de cas de ces gibiers et de ces poissons qui s'acquièrent au poids de l'or. — Bartavelles, coqs de bruyère, faisans dorés, gélinottes, — truites du lac de Genève et sterlets du Volga, n'avaient point ses sympathies.

Elle dédaignait ces condiments infernalement délicieux que l'Angleterre nous envoie.

Les sauces espagnoles, les veloutés, les essences de gibier du Cuisinier royal, étaient sans charme pour elle.

Ce qu'il lui fallait c'étaient de bons petits plats canaille, longuement mijotés et relevés par de savantes additions des quatre épices classiques, d'ail et de ciboulette.

Sa cuisinière savait introduire d'innombrables variantes et d'ingénieuses innovations dans la préparation de ces mets, grâce auxquels la Brancador, chaque jour, dînait royalement, sans se douter qu'elle partageait les goûts culinaires de Sa Majesté le roi Louis, quinzième du nom.

Pour le palais de l'entremetteuse la truffe était sans parfum, et l'oie grasse et tendre, bourrée de saucisses et de marrons, lui paraissait le plus délicieux de tous les rôtis.

On comprend qu'un dîner de ce style, servi pour MM. Léonidas et Galimand, ne pouvait manquer d'obtenir tous les suffrages de ces convives éclairés, et c'est ce qui arriva en effet.

Si les goûts de la Brancador paraissaient exclusifs et quelque peu vulgaires à l'endroit des mets, ils ne l'étaient point pour tout ce qui concernait les vins.

La cave de l'entremetteuse pouvait passer pour irréprochable; — les meilleures années des meilleurs crûs s'y donnaient rendez-vous, et le château-laffitte, retour de l'Inde, y côtoyait fraternellement le xérès authentique, le chambertin et le vin royal de la Romanée-Conti.

Il nous paraît inutile de dire que Léonidas et Galimand se sentaient infiniment décidés à faire honneur, et même trop d'honneur, à la cave de leur hôtesse.

Cette dernière ne paraissait d'ailleurs nullement disposée à leur faire une loi de la modération, et les nombreux carafons disséminés sur la table semblaient paraphraser éloquemment ce vieux proverbe, cher aux ivrognes :

— *Quand le vin est tiré, il faut le boire!!*

Aussitôt que l'installation de nos quatre personnages fut complète, la Brancador, parfaitement convaincue que Léonidas et Galimand ne se laisseraient manquer de quoi que ce fût, s'occupa de Léontine d'une façon très particulière et très assidue.

— Voyons, ma belle biche blanche, — lui dit-elle, — de quel vin vous offrirais-je?... — Préférez-vous le bourgogne, ou voulez-vous du bordeaux?... tous les deux sont excellents...

— Je ne prendrai ni de l'un ni de l'autre, madame...

— Et pourquoi donc cela, mon trésor?...

— Je ne bois jamais de vin, madame...

— Que buvez-vous donc, alors?...

— De l'eau.

— Ah! par exemple, voilà qui est joli!!... votre pauvre estomac doit s'en bien trouver!!

— Je suis d'une santé excellente.

— Il le faut bien, pauvre petite chatte, car sans cela il y a longtemps que vous auriez été tuée par un pareil régime!! — Jamais de vin!... — ah! mon Dieu!!...

— Mais je ne l'aime pas, madame...

— Chez le père Léonidas, où il est exécrable, du vin bleu au litre, sans doute, je comprends cela, — mais ici c'est bien différent...

En ce moment Léontine se souvint d'avoir bu quelques gouttes de vin chez le jeune peintre, lorsqu'elle avait partagé son déjeûner, et elle fut forcée de s'avouer que ce vin ne ressemblait point à celui qu'elle allait chercher pour son père dans un cabaret de la barrière.

Cependant, sans pouvoir se rendre compte du motif qui la poussait à agir ainsi, elle essaya de persévérer dans son refus, et elle se versa un grand verre d'eau.

Mais la Brancador n'était point femme à se tenir pour battue.

Elle fit un signe à la camériste qui circulait autour de la table et qui enleva prestement la carafe et le verre de Léontine, avant que cette dernière ait eu seulement le temps de l'approcher de ses lèvres.

— Oh! que nenni, ma belle biche blanche! — s'écria l'entremetteuse en donnant amicalement un petit coup du revers de sa main sur la joue de la jeune fille ; — oh ! que nenni !... — je ne souffrirai point que vous me fassiez cette injure de boire de l'eau chez moi et de ne point goûter à mon vin !! — Il faut vous résigner, ma cocotte, je vous préviens que je serai la plus entêtée de nous deux. — Prenez donc votre parti de bonne grâce, et laissez-vous faire...

Puis, se tournant vers la soubrette, la Brancador ajouta :

— Fifine, donne-moi le flacon de vin muscat, — il est là-bas, sur l'étagère du milieu.

Le flacon demandé était en imitation de

verre de Venise et tout constellé de petites étoiles d'or.

Son contenu étincelait comme des topazes liquéfiées.

La Brancador remplit à demi le verre de Léontine, et, le soulevant, elle l'approcha des lèvres de la jeune fille.

— Mais, madame... — voulut dire cette dernière.

L'entremetteuse l'interrompit, et s'écria d'une voix dont l'accent devenait impérieux, malgré sa douceur de commande :

— Il n'y a ni mais! — ni si! — ni car! — buvez!...

Léontine comprit qu'un nouveau refus de sa part irriterait décidément son hôtesse.

Elle prit le parti d'obéir et elle vida son verre avec une résignation qui se métamorphosa à l'instant même en une agréable surprise.

Le vin muscat, dont la pauvre enfant ne s'était fait jusqu'alors aucune idée, lui paraissait le plus délicieux de tous les breuvages, et elle sentait une douce et vivifiante chaleur se glisser dans ses veines avec chaque goutte de ce vin généreux.

La Brancador comprit à merveille ce que la physionomie de la jeune fille disait si clairement.

— Eh bien, ma chatte blanche, — demanda-t-elle à Léontine, — que pensez-vous de cette effrayante médecine et consentez-vous à vous relever de votre vœu de tempérance ?...

— Je ne savais pas... — balbutia Léontine...

— Eh bien, maintenant, vous savez, et vous allez boire...

Et l'entremetteuse remplit le verre de la pauvre enfant.

— Mais, madame... je crains...

— Quoi?... de vous griser, peut-être?... — allons donc, ma biche!.. on voit bien que vous n'avez point l'habitude des repas *soignés*, et de la *belle seciété*, sans cela vous sauriez aussi bien que moi que le vin muscat ne grise pas plus que de l'eau... — plus l'on en a bu, plus l'on en peut boire, et c'est même à cause de cela qu'on l'a surnommé *le vin des dames*... — Allons, à votre santé, — eh! hop!... avalez-moi ça en deux temps et trois mouvements!!...

La Brançador vida son verre avec une

promptitude toute magistrale, et Léonline rougissante fut forcée d'en faire autant.

Léonidas et Galimand n'avaient pas perdu un seul détail de la petite scène qui précède, et, en voyant le résultat obtenu par l'entremetteuse, ils se regardaient en souriant.

XXI

Les débuts de Justine.

A partir de cet instant le repas devint d'une gaîté folle, — du moins pour la Brancador et pour les deux hommes.

Ces trois misérables échangeaient de joyeux propos, chantaient des refrains grivois et applaudissaient aux obscènes lazzis qu'ils débitaient à tour de rôle avec un cynisme éhonté sans se préoccuper le moins du monde de la présence de Léontine qui, d'ailleurs, ne pouvait en aucune façon prendre part à ce scandaleux entretien.

Nous disons : *ne pouvait*, — et nous le disons à dessein.

En effet, à dater du moment où pour la seconde fois, obéissant aux injonctions de la Brancador, elle avait vidé son verre, la jeune fille, entièrement absorbée par une sensation inconnue et délicieuse, se trouvait, sinon matériellement, du moins moralement isolée de ceux auprès desquels elle était assise.

Tout son corps éprouvait un calme absolu, un bien-être bizarre qu'elle ne se souvenait pas d'avoir jamais ressenti auparavant.

C'était quelque chose d'assez semblable à la jouissance d'un homme brisé de fatigue et qui se repose, étendu sur de moelleux coussins qui soutiennent toutes les parties de son corps et semblent les caresser.

Son esprit flottait dans un milieu qui n'était ni précisément la veille, ni précisément le sommeil, et que nous ne saurions mieux définir qu'en le comparant à l'état de charmante hallucination que procure le hatchich pris à très faible dose.

Des visions indistinctes, mais gracieuses, passaient devant ses yeux à demi fermés, — des images à peine ébauchées, mais séduisantes et charmeresses, formaient autour d'elle une ronde qui l'isolait complètement de la réalité.

Dans ces visions, l'atelier de Maurice Torcy revenait sans cesse.

L'image du jeune peintre était la plus

distincte de ces figures entrevues dans une brume transparente.

Les éclats de rire et les voix avinées des trois personnages qui se trouvaient à côté d'elle semblaient ne pouvoir traverser le cercle magique dans lequel elle s'enfermait, tandis qu'elle entendait distinctement la voix de Maurice murmurer à son oreille de douces et tendres paroles.

La tête de Léontine s'appuyait au dossier de sa chaise.

Ses yeux, à demi fermés, laissaient couler à travers leurs larges cils un regard allangui, d'une ravissante expression.

Ses lèvres entr'ouvertes souriaient et dévoilaient dans ce sourire l'émail éblouissant de ses dents.

Dans cette attitude et avec cette expression, la beauté de Léontine était tellement radieuse que la Brancador, jetant par hasard les yeux sur elle, ne put retenir une exclamation d'étonnement et d'admiration, et qu'elle interrompit net un récit du plus haut intérêt qu'elle était en train de faire à ses convives avec une excessive volubilité.

Et, pourtant, Dieu sait que ce récit interrompu était tout palpitant d'intérêt.

L'entremetteuse, un peu lancée par de

nombreuses libations, narrait en termes choisis quelques-uns des principaux incidents de son existence aventureuse.

Elle se plaisait à ces confidences en qui, pour elle, se résumait une grande partie du charme des repas d'amis.

Que voulez-vous, l'excellente femme aimait à s'épancher après boire!!...

S'il est, en ce bas monde, un innocent plaisir, n'est-ce pas celui-là?

Elle racontait, ce jour-là, — et Dieu sait si elle s'appesantissait sur les moindres détails, — elle racontait, disons-nous, ses débuts dans la carrière où elle devait s'illustrer plus tard.

Elle disait de quelle façon ingénieuse elle était parvenue à se procurer les premiers fonds indispensables pour s'installer d'une façon à peu près confortable et se commencer une clientèle.

Simple femme de chambre d'une femme du grand monde, mais élevée, par son ambition légitime, bien au-dessus de cette situation modeste, la Brancador, qui ne s'appelait alors que Justine, avait besoin de douze mille francs.

Comment arriver à palper cette somme ?

Voler?

Justine y pensa, — mais le vol est dangereux, — et d'ailleurs on ne trouve pas tous les jours douze mille francs dans le tiroir de la table de toilette d'une femme du monde, si riche que soit cette dernière.

Et puis, pour faire usage de l'argent, la liberté est indispensable, et, derrière la pensée du vol, surgissait tout un horizon sinistre de cour d'assises et de réclusion.

Justine se mit à chercher.

Elle chercha si bien et si longtemps qu'à la fin elle trouva une idée.

Cette idée était excellente, quoique d'une simplicité rudimentaire,— mais on sait que les idées les meilleures sont en général les plus simples.

La femme du monde avait un mari. — Ce mari, officier général, et l'un des héros les plus illustres de l'héroïque armée d'Afrique, n'était nullement jaloux, mais il aurait très certainement tué sa femme s'il avait eu, non pas le soupçon, mais la preuve d'une infidélité.

Outre ce mari, la femme du monde avait un amant. — C'est dans l'ordre.

Avec toute cette naïve imprudence qui

n'est pas moins dans l'ordre, la maîtresse écrivait à l'amant.

Or, on sait — (et ceci n'est nullement un paradoxe) — que les lettres d'amour, depuis l'invention du papier, et même depuis celle du papyrus, ont été destinées à être perdues, à être volées, enfin à être lues par toutes sortes de gens autres que celui auquel elles étaient adressées.

Cette règle absolument invariable n'est confirmée, du moins à notre connaissance, par aucune exception.

Justine se trouvait d'autant mieux au courant de l'intrigue de sa maîtresse qu'elle n'avait reçu de cette dernière aucune confidence.

Elle savait à merveille où se déposaient les mystérieux billets doux de la correspondance clandestine.

Il est bon d'ajouter que l'amant était l'un des frères d'armes du mari, et l'un des amis les plus intimes de la maison.

Un beau jour, Justine s'empara de l'un des billets doux de sa maîtresse.

Elle le décacheta et le lut.

Il n'était point suffisamment compromettant pour l'usage qu'elle en voulait faire et le parti qu'elle désirait en tirer.

Elle le recacheta avec art et le remit à la place où elle l'avait pris.

Un second billet eut le même sort.

Un troisième se trouva beaucoup plus *corsé*, — il ne laissait à désirer quoique ce fût, comme clarté et comme signification.

Ce dernier ne parvint point à son adresse, comme bien on pense.

Justine le mit en lieu sûr, après en avoir pris une copie.

Puis, munie de cette copie, elle choisit son jour et son heure pour frapper le grand coup.

Ce jour et cette heure arrivèrent.

Les yeux baissés, la bouche en cœur, l'attitude modeste et presque timide, la camériste entra chez sa maîtresse.

— Je ne vous ai point appelée, mon enfant, — lui dit cette dernière.

— Je sais que madame ne m'a point fait cet honneur.

— Eh bien ?...

— Mais je voudrais parler à madame...

— Ah!...

— Si toutefois madame est assez bonne pour consentir à m'accorder quelques minutes...

— Je vous écouterai d'autant plus volontiers que votre air solennel pique vivement ma curiosité : — voyons, qu'avez-vous à me dire?...

— J'ai à dire à madame que je vais avoir le bien vif regret de me séparer d'elle...

— Vous voulez me quitter, Justine?..

— Avec un bien vif regret, je le répète, mais il le faut...

— Est-ce que vous trouvez une meilleure place ?

— Ni une meilleure place, ni une meilleure maîtresse, ce serait impossible...

— Mais, alors ?

— Je suis décidée à ne plus servir.

— Que ferez-vous donc ?

— Je m'établirai, mes goûts me poussent vers le commerce...

— Mais, pour s'établir, il faut de l'argent.

— Oh! je le sais bien! — répliqua Justine en pinçant ses lèvres.

— Votre famille est pauvre... du moins je le croyais...

— Madame ne se trompait pas...

— Est-ce que vous venez d'hériter?...

— En aucune façon.

— Mais, alors, cet argent indispensable, vous ne l'avez pas?...

— Non, madame.

— Eh bien ?...

— Mais je l'aurai...

— Vous parlez comme une personne sûre de son fait...

— C'est qu'en effet je suis sûre d'avoir cet argent, madame...

— Et qui vous le donnera?...

— Très probablement madame...

— Moi ?...

— Vous-même.

— Et, combien vous faut-il ?

— Douze mille francs.

La jeune femme se mit à rire.

Justine fronça le sourcil.

— Il me semble,—dit-elle,— que madame ne me fait pas l'honneur de me croire ?...

Ces dernières paroles furent prononcées par la camériste d'un petit ton sec et gourmé qui ne pouvait sembler convenable à l'oreille d'une femme du monde.

Cette dernière haussa les épaules et pensa que très probablement Justine était devenue folle.

XXII

Suite du précédent.

— Finissons-en, — dit-elle sèchement et avec hauteur. — Je vous dois une année de gages, c'est-à-dire six cents francs. — Je vais vous les donner, et vous serez parfaitement libre de me quitter, aujourd'hui même si cela vous convient.

Et elle se dirigea vers un petit meuble dans lequel elle enfermait l'argent de ses dépenses courantes. — Elle allait ouvrir ce meuble quand Justine l'arrêta en lui touchant légèrement le bras.

— Qu'est-ce à dire? — s'écria la jeune femme en se retournant, hautaine, et avec un commencement de vive impatience.

— Madame et moi nous sommes loin de compte, — articula nettement Justine. — Ce n'est pas six cents francs qu'il me faut, c'est douze mille...

— Décidément, mademoiselle, vous perdez la tête !...

— Non, madame, — et la preuve, c'est que vous allez me donner l'argent que je viens d'avoir l'honneur de vous demander.

— Prenez garde, mademoiselle, je vais croire que vous êtes complètement folle, et je sonnerai pour me faire délivrer de vous...

— Je ne vous le conseille pas, madame... Vous vous en repentiriez cruellement... mais alors il serait trop tard...

— Expliquez-vous, mademoiselle...

— Je ne demande pas mieux, madame.

— J'attends!...

— Rien n'est tel que de s'entendre. — Vous vous figurez que je vous demande un cadeau, — là est votre erreur, — il ne s'agit point entre nous d'un don, — il s'agit d'un marché.

— Vous avez quelque chose à me vendre?

— Oui, madame.

— Quelque chose qui vaut douze mille francs?...

— Qui vaut plus, — mais je me contenterai de cette somme...

— En voilà assez. — Je ne veux rien acheter...

— Mais moi je veux vendre, — et, si nous ne pouvons nous entendre, je m'adresserai...

— A qui donc?...

— A votre amant, d'abord, madame, et, à son défaut, à votre mari...

La jeune femme devint pâle comme une morte.

— Une pareille insulte... — balbutia-t-elle.

— Oh! il n'y a pas d'insulte, et vous voyez bien que vous ne parlez plus de sonner et de me faire jeter à la porte... — Vous savez parfaitement que je dis la vérité. — Ce n'est pas ma faute si cette vérité vous offense...

La jeune femme se laissa tomber sur un siége, anéantie; et en murmurant d'une voix éteinte :

— Oh ! mon Dieu!... mon Dieu!....

Justine prit sur la toilette un flacon de sels anglais.

Elle apporta ce flacon à sa maîtresse en lui disant :

— Que madame veuille bien respirer ceci... — J'attendrai que madame soit un peu calmée pour lui reparler de la petite transaction dont il s'agit...

La jeune femme commanda à son émotion et à sa terreur.

Elle se releva et elle dit :

— Finissons-en ? — J'attends que vous me dévoiliez une infamie que je devine, mais que je ne comprends pas encore...

— Oh! c'est bien simple! — Regardez ceci.

Et Justine mit la copie du billet dérobé sous les yeux de sa maîtresse.

— Qu'est-ce que cela? — demanda cette dernière, qui ne connaissait pas l'écriture.

— Lisez, madame.

La jeune femme parcourut les premières lignes et poussa un cri.

— A merveille! — fit Justine, — je vois que maintenant vous comprenez...

— Malheureuse fille !... Comment cette copie se trouve-t-elle entre vos mains ?

— C'est bien simple. — J'ai volé l'original.

— Ainsi, ma lettre ?...

— Est en lieu sûr...

— Et c'est ce billet que vous voulez me vendre douze mille francs ?...

— Précisément, et madame voit que ce n'est pas trop cher... — L'amant ou le mari de madame y mettraient bien volontiers plus que cela... — Mais je suis bonne personne, et d'ailleurs je n'ai qu'une parole...

La jeune femme fit quelques pas à travers la chambre, en cachant dans ses deux mains son visage pourpre de honte.

Au bout d'une seconde, elle s'arrêta devant Justine, et, laissant tomber ses mains le long de son corps, elle découvrit sa figure devenue tout à coup livide.

— Ainsi, — balbutia-t-elle, tandis que de grosses larmes ruisselaient sur ses joues, — vous voulez me perdre?...

— En aucune façon. — Que madame

me donne les douze mille francs que je lui demande, et je me ferai un devoir et un plaisir de lui rendre son billet...

— Mais, ces douze mille francs, je ne puis vous les donner...

Justine se mit à rire ironiquement et incrédulement.

La jeune femme se tordait les mains.

— Madame ne peut pas me les donner? — reprit Justine.

— Non!...

— Ah! bah!... et pourquoi?...

— Parce que je ne les ai pas...

— Quelle plaisanterie ! — madame est riche ! — madame avait plus de quatre cent mille francs de dot !...

— Mais vous savez bien que, si riche qu'elle soit, une femme ne peut se procurer une somme importante sans l'autorisation et sans l'assistance de son mari...

— Madame n'a qu'à s'adresser à M. D***; — je suis certaine qu'il fera ce sacrifice de grand cœur...

M. D*** était l'amant de la jeune femme.

— De l'argent!... de lui!... — s'écria cette dernière, — jamais!... jamais!...

— Madame préfère peut-être que je demande moi-même cet argent... — ce sera comme le voudra madame...

— Non! non! jamais!!... — j'aime mieux mourir!... je veux mourir!...

— A quoi bon? — la mort n'arrange rien. — D'ailleurs, jeune et belle comme l'est madame, on ne peut pas mourir... — et puis, il est un autre moyen...

— Lequel, mon Dieu! lequel?..

— Madame a ses diamants...

— Les voulez-vous ?

— Oh! non! — Moi, je ne saurais qu'en faire; — on m'accuserait peut-être de les avoir volés, et il me faudrait compromettre madame pour me justifier, ce qui me briserait le cœur... — mais le mont-de-piété s'en arrangera le mieux du monde, et rien ne sera plus facile à madame que de les retirer...

— C'est bien, — dit la jeune femme, — demain vous aurez votre argent.

— Demain, madame aura son billet.

Justine fit une révérence et sortit.

§

La camériste ne s'était point trompée dans ses petits calculs.

Son aimable chantage amena le résultat prévu.

Le lendemain, la pauvre jeune femme avait mis ses diamants en gage, et elle donnait douze mille francs à Justine, en échange du fatal billet qui pouvait la perdre.

Ces douze mille francs furent la pierre fondamentale sur laquelle la future madame Brancador éleva l'édifice de sa fortune.

Tel était l'épisode émouvant dont l'entremetteuse narrait à ses convives les dernières péripéties, accueillies par les témoignages non équivoques de leur admiration sincère.

Nous avons dit plus haut qu'un regard jeté par hasard sur Léontine l'interrompit dans son récit.

— Mais, regardez-la donc! — s'écria-t-elle, — regardez-la, mes compères!... — a-t-on jamais rien vu d'aussi beau!!...

— Ah ! — répliqua Galimand, — le fait est que l'enfant z' est chouette !... quelque chose comme qui dirait dans les prix de ma Paméla...

— Laissez-moi donc tranquille avec votre Paméla, père Galimand, — dit l'entremetteuse avec vivacité ; — Paméla est une belle fille. Eh ! mon Dieu, personne ne songe à prétendre le contraire ; mais à côté de Léontine, il ne faut pas parler d'elle...

— Hum ! hum ! — grommela Galimand fort peu satisfait, — ça dépend des goûts z'et des couleurs, ça, voyez-vous !... — je connais des particuliers z'huppés qui préféreraient Paméla... et d'abord elle est plus grasse, et c'est z'une raison, cela...

Sans s'occuper des inutiles récriminations de Galimand, la Brancador poursuivit :

— Plus je regarde cette fille-là, et plus elle me donne dans l'œil !... Je sens bien que si j'étais homme, je ferais pour elle toutes les bêtises de la terre !... — Mais comment donc avez-vous pu, m'sieu Léonidas, procréer un si bel enfant ?...

Léonidas passa la main sur sa longue barbe noire, mélangée de fils d'argent.

— Ah ça! mais, — s'écria-t-il, — dites donc, ma petite mère, z'est-ce que vous croyez que la Providence m'avait pourvu d'un physique piqué des z'hannetons?...

— Le fait est que, quand on vous regarde avec attention, on voit que vous avez dû être très bien dans votre jeunesse...

— Sans compter que je le suis z'encore, et que je ne chôme point de conquêtes...

— Tant mieux pour vous; mais, croyez-moi, vous n'avez jamais été si beau que la petite est belle...

— C'est z'encore tant mieux pour moi...

— Vous avez raison, et je vous approuve d'envisager les choses sous leur bon côté!... — avec une fille comme celle-là, voyez-vous, il ne tient qu'à vous d'être propriétaire dans deux ans...

— *Porpilliétaire!...* — ça me va!... — je veux z'un immeuble soigné z'et dans le grand genre!... — Beau quartier, — porte cochère. — Je louerai toutes mes boutiques z'à des marchands de vin, — z'ils me payeront leurs loyers z'en consommations...

— Ah! v'oui... ah! v'oui... — dit Galimand qui commençait à se griser, — voilllà z'une idée, z'et une fameuse... — je prendrai z'un logement dans ton immeuble, ami véritable...

En ce moment, le timbre du *tableau-horloge*, qui n'était pas un des moindres ornements de la salle à manger de la Brancador, sonna une demie.

L'entremetteuse se retourna et regarda le cadran du petit clocher qui se profilait sur le paysage.

— Ah! fichtre! — s'écria-t-elle, — déjà neuf heures et demie!... Comme le temps passe, cependant...

— Est-ce que le moment z'approche? — demanda Galimand.

— Vaunoy sera ici dans une demi-heure...

Après avoir prononcé ces dernières paroles, la Brancador toucha l'épaule de Léontine.

La jeune fille tressaillit comme quelqu'un que l'on arrache brusquement à l'assoupissement ou plutôt à l'extase.

Elle attacha sur l'entremetteuse des regards qui semblaient ne pas voir d'une façon distincte.

Puis ses lèvres balbutièrent :

— Que voulez-vous, madame ?...

La Brancador lui prit la main.

Cette main était tiède et moite comme celle de quelqu'un qui dort d'un profond sommeil.

XXIII

Le boudoir.

— Comment vous trouvez-vous, ma petite ? — demanda la Brancador.

Léontine parut faire un violent effort pour rassembler ses idées, et elle répondit :

— Je me trouve bien, madame...

— Vous ne souffrez pas ?...

— Non, madame...

— Qu'éprouvez-vous ?

— J'ai la tête lourde, mais sans douleur, et il me semble que je voudrais dormir...

La Brancador versa dans le verre de Léontine nn peu de ce vin muscat que nous connaissons.

— Buvez ceci, ma belle biche blanche,

— dit-elle ensuite, — la lourdeur et le sommeil passeront aussitôt... comme si on les ôtait avec la main...

Léontine obéit.

— Eh ! bien ?... — demanda de nouveau l'entremetteuse au bout de deux ou trois minutes.

Mais, cette fois, Léontine ne répondit plus.

Sa jolie tête se renversait de nouveau en arrière et ses paupières s'abaissaient sur ses grands yeux.

Elle cédait, sans le savoir, à un invincible sommeil.

— Le tour est fait ! — dit la Brancador.

— La farce est jouée ! — appuya Galimand.

— Pas encore, — riposta l'entremetteuse — mais ça ne tardera guère...

Elle quitta son siége et fit signe à Galimand d'en faire autant.

— Maintenant, — lui dit-elle, — nous allons la soulever à nous deux, et la porter dans le boudoir...

Puis elle ajouta avec un indicible sourire :

— Elle sera bien mieux là pour dormir, cette chère enfant....

— Compris! — s'écria Léonidas, en frappant avec son verre sur la table, si joyeusement et si lourdement que le verre, qui n'en pouvait mais, se brisa en cinq ou six morceaux.

— Eh! là bas! père Léonidas!! — fit l'entremetteuse à demi satisfaite, tout en soulevant son gracieux fardeau avec l'aide de Galimaud. — Eh! là-bas!... ne me détériorez pas mon service de table, s'vous plaît!... — C'est du cristal fin, mon bonhomme, — trente-cinq sous le verre, savez-vous!!... — faut pas abuser de ce qu'ici la casse n'est pas personnelle!!...

Et, tandis que Léonidas, à peu près complètement gris, grommelait indistinctement quelques vagues excuses, l'entremetteuse et le père de Paméla emportèrent Léontine.

Le boudoir, — qui jouait comme nous le savons un grand rôle, sinon dans l'existence, au moins dans les moyens de fortune de la Brancador, — était disposé avec plus de goût que le reste de l'appartement.

Entièrement tendu de toile perse, à fond gris perle semé de grands bouquets de roses, il n'avait d'autres meubles que de larges divans, très bas, qui faisaient le tour de la pièce.

Deux lampes, placées sur la cheminée, et dont les globes de verre rose dépoli adoucissaient les lueurs trop vives, l'éclairaient d'un jour faible et voluptueux.

De violents parfums saturaient l'atmosphère et devaient, au bout de quelques secondes, monter à la tête comme des vins capiteux.

La Brancador étendit Léontine sur l'un

des divans et plaça deux ou trois coussins sous sa tête et sous ses épaules.

— J'espère, — murmura l'entremetteuse, — j'espère que la voilà joliment bien pour dormir !... — faudrait ne point connaître le langage de la sincérité, pour prétendre que je manque d'égards à l'endroit de mes invités... maintenant, filons...

La Brancador fit deux ou trois pas pour sortir du boudoir.

Mais une réflexion l'arrêta et elle revint auprès de Léontine dont elle désagraffa le corsage.

— Qu'est-ce que vous faites donc? — demanda Galimand.

— Je donne de l'air à la petite...

— Suffit ! suffit! — répliqua le père de Paméla en riant, — vous êtes z'encore une particulière joliment rouée, vous, la mère!!...

En effet l'entremetteuse, sous prétexte de *donner de l'air* à Léontine, venait de découvrir à moitié sa poitrine merveilleusement modelée et d'une blancheur de camélia.

Ceci achevé, elle enleva le peigne de

la jeune fille, dénoua ses immenses cheveux blonds et fit ruisseler sur le divan leurs masses opulentes.

— Hein, père Galimand — demanda-t-elle ensuite, — qu'est-ce que vous dites de ça?...

— Je dis que v'là z'une chevelure que les coiffeurs du Palais-Royal, z'et les merlans du passage des Panoramas, payeraient z'un bon prix...

—Et vous avez raison, père Galimand,— répliqua la Brancador, — ces cheveux-là, si on les coupait, vaudraient cinquante louis ! — sur la tête de l'enfant, ils valent cinquante mille francs !...

— Cinquante mille francs!!...

— Comme un liard. — Souvenez-vous de ce que je vous dis là, père Galimand!...

— Mais, dans ce cas, Paméla...

La Brancador interrompit le vieux drôle.

— Laissez moi donc tranquille, — lui dit-elle vivement, — vous êtes *sciant*, à la fin, parole d'honneur, avec votre Paméla!... — C'est bien d'être bon père, mais faut pas en abuser!... — je vous répète que Paméla est une belle fille et que je n'ai nulle envie de la *débiner*, mais qu'elle ne sera pas seulement digne d'être la femme de chambre de Léontine, quand Léontine sera lancée... — sur ce, nous n'avons plus rien à faire ici... Allons boire...

Cette conclusion ferma la bouche de Galimand qui, poussé par l'amour-propre paternel, s'apprêtait à répliquer...

Il suivit la Brancador sans mot dire, et tous deux rentrèrent dans la salle à manger, où Léonidas les attendait en *tutoyant les fioles*, ainsi qu'il le disait lui-même dans son langage coloré.

§

Dix heures sonnèrent.

Au moment où le timbre du tableau-horloge achevait de frapper la dixième heure, la sonnette de la porte d'entrée se fit entendre.

La vigoureuse *maëstria* du coup de sonnette annonçait un visiteur important.

— C'est lui ! — s'écria l'entremetteuse en se levant.

— Qui, lui ? — demanda Léonidas, de plus en plus ébriolé.

— Eh ! parbleure ! le *banquezingue* ! !...
— je cours le recevoir moi-même !...

La Brancador arriva dans l'antichambre au moment où la camériste venait d'ouvrir à M. de Vaunoy, plus guilleret et plus conquérant à mesure que l'heure de son triomphe approchait.

Elle amena le banquier dans le premier salon.

— Eh! bien, ma chère Brancador? — lui demanda-t-il.

— Eh! bien, vous savez que je suis de parole et que, quand je promets une chose, c'est comme si c'était fait...

— Ainsi, tout marche?

— Parbleure!...

— La petite?...

— Est ici.

— Toujours aussi jolie ?

— Cent fois plus encore.

— Vrai??...

— Parole d'honneur !

— Ah! ça, mais, vous me ravissez!!

— C'est tout à l'heure, quand vous la verrez, que vous jubilerez incroyablement...

— Et, vous croyez toujours ?...

— Quoi donc ?...

— Là... vous m'entendez bien... enfin, vous croyez que la petite...

M. de Vaunoy s'interrompit.

La Brancador se mit à rire.

— Vous comprenez ? — demanda le banquier.

— Oui... oui... je commence.

— Eh ! bien, alors, répondez...

— Eh! bien, je réponds qu'il ne s'agit point d'une affaire de pacotille ou d'occasion... je vous garantis la marchandise *toute neuve*, et de premier choix !...

— Mais c'est invraisemblable, cela !...

— Je ne dis pas le contraire, mais, invraisemblable ou non, c'est exact.

— La petite est-elle prévenue ?

— Ah ! non, par exemple.

— Comment prendra-t-elle la chose ?...

— Il me semble que c'est de vous que cela dépend.

— Sans doute, mais...

— Mais, quoi ?...

— L'enfant est mineure...

— Après ?...

— Vous êtes certaine qu'il n'y aura pas de risque à courir ?... pas de conséquence désagréable ?...

— Ni risques, — ni conséquences, — le père est là, ça répond à tout...

— Vous savez que je ne tiens pas à le voir, ce père...

— Soyez tranquille, vous ne le verrez pas.

— Voila qui va bien, ma chère Brancador, — prenez ceci, je vous prie...

L'entremetteuse tendit sa main avide.

M. de Vaunoy y glissa un petit paquet de billets de banque.

— Je ne compte pas après vous, — dit-elle.

— Et vous avez raison, — il y a là précisément la somme que vous m'avez demandée...

— Oh ! je sais que vous faites bien les choses.

M. de Vaunoy se caressa le menton.

— Où est l'enfant ? — demanda-t-il.

— Dans mon boudoir.

— A merveille.

— Je ne vous conduis pas, vous connaissez les êtres...

— Comme si j'étais de la maison... — Je vole, porté sur les ailes de l'amour...

— Ah ! un mot encore...

— Lequel ?

— Ne vous étonnez pas si vous trouvez la petite endormie...

— Je la réveillerai, soyez tranquille...

— Peut-être aurez-vous un peu de peine...

— Comment cela ?...

— Je crois que son sommeil sera, ce soir, quelque peu tenace...

M. de Vaunoy attacha sur la Brancador un regard interrogateur.

— Ah ! ah ! — fit-il, — elle aura le sommeil dur ?...

— Je le crois, — répondit l'entremetteuse en riant, — et c'est une chance que vous aurez là ! — d'ailleurs, quoi de plus naturel?... — la petite est si jeune et mon vin est si vieux !...

M. de Vaunoy fit un geste d'approbation qui prouvait clairement qu'il avait compris.

Puis il se dirigea vers le boudoir dont la porte se referma sur lui.

XXIV

Au coin du feu.

Abandonnons, si vous le voulez bien, pour quelques instants, les hôtes immondes du logis de la Brancador et transportons-nous, dans une atmosphère plus pure, chez notre ami Maurice Torcy, ce même jour.

et à l'heure même de l'arrivée du banquier Vaunoy chez l'entremetteuse.

Gilbert et Maurice, assis en face l'un de l'autre, dans la chambre à coucher de l'artiste, savouraient délicieusement les voluptés, au nombre de cinq, que nous allons énumérer dans leur ordre.

1° Des siéges moelleux.

2° Un excellent feu.

3° Du thé parfait, sucré à point et relevé par quelques gouttes de vieux rhum.

4° Des cigares bien sec, brûlant avec

une cendre blanche et ferme, répandant des parfums exquis, et provenant de la Havane où ils avaient été intelligemment et amoureusement choisis.

5° Enfin une amicale et intime conversation.

Pour ajouter une satisfaction machinale à toutes ces joies, Maurice tisonnait le feu, qui cependant n'avait nul besoin d'être excité, car le brasier de charbon de terre était ardent à satisfaire le plus frileux des Hollandais.

— Ainsi, — demandait-il à Gilbert, — tu n'es pas mécontent de ta journée ?...

—Mécontent, mon cher!... — c'est-à-dire que tu m'en vois enchanté! ravi! enthousiasmé!...

— Allons, j'en suis joyeux.

—Et moi donc!... — Décidément je soutiens que les gens mal intentionnés qui font courir le bruit que la carrière littéraire est d'un difficile accès, sont des gredins, des envieux et des langues de vipère!...

— Es-tu bien sûr de ce que tu me dis là?...

— Parbleu!

— Et tes preuves ?

— Les voici : — Je ne suis pas connu, moi qui te parle... j'imagine que tu ne feras aucune difficulté d'en convenir...

— Aucune.

— Eh bien ! je n'ai été mal reçu nulle part...

Maurice se mit à rire.

— Pourquoi ris-tu ? — demanda Gilbert.

— Parce que ton enthousiasme est amusant !...

— Ah ! bah !...

— Tu me dis que tu n'as été mal reçu *nulle part*...

— Eh bien !

— Eh bien, mon cher, de ton propre aveu, tu n'as encore frappé qu'à une seule porte...

— Eh ! les autres s'ouvriront aussi facilement... pour le moins...

— Souhaitons-le !...

— D'ailleurs, qui te dit que j'aurai besoin de m'adresser ailleurs !...

— De quelle façon l'entends-tu ?...

— Une fois ma comédie représentée au Théâtre-Français, j'attendrai tranquillement chez moi, sans me déranger le moins du monde, que les directeurs des autres théâtres viennent me demander des pièces...

— Ainsi, tu crois qu'ils y viendront?...

— Je n'en doute pas un instant. — Le succès est, pour ces messieurs, le plus infaillible de tous les aimants...

— Tu es donc certain du succès?...

— Ah çà, on dirait que tu n'en es pas sûr, toi!... — N'es-tu donc plus mon ami?...

— Allons! — murmura Maurice entre ses dents, — allons!... encore un chapitre de la chasse aux chimères! — Pauvre Gilbert!!

— Hein?... — fit le jeune homme, — tu dis?...

— Moi? rien...

— Mais, si...

— Je pensais à mon tableau, et, sans doute, mes lèvres, à mon insu, bégayaient ma pensée.

— A propos de tableau, — je me suis occupé de toi aujourd'hui...

— Ah ! ah !...

— Et j'ai une bonne nouvelle à te donner.

— Une bonne nouvelle ?...

— Excellente.

— Laquelle ?

— Celle-ci... ah ! mais, c'est une histoire...

— Eh bien! raconte-la.

—Oui, et d'autant plus volontiers qu'elle n'est pas longue... — tu sais, ma traite de mille écus... celle que ma mère a voulu me donner à emporter?...

— Oui... oui...

— Tu m'as tourmenté, et beaucoup, pour me décider à en aller toucher le montant!...

— Certainement, et j'ai cru bien faire.

— J'ai suivi tes conseils.

— Tu as touché?

— Oui, — ce matin.

— A merveille... peut-être ne tarderas-tu pas à reconnaître que j'avais raison d'insister.

— Nous verrons... — Je ne t'avais pas montré la traite, n'est-ce pas?

— Non.

— Alors, tu ne sais pas le nom du banquier sur lequel elle était tirée?...

— Qu'importe ce nom?...

— Il importe beaucoup. — Ce banquier est monsieur de Vaunoy. — Tu as dû en entendre parler...

— Oui, comme d'un très riche capitaliste qui fait des opérations immenses avec un bonheur constant..

— Or, ce monsieur de Vaunoy a fait jadis des affaires avec mon père...

— Quel rapport tout ceci peut-il avoir avec la nouvelle que tu m'annonces?

— Tu vas voir!... un peu de patience, donc, sapristi!! — Or, la traite étant tirée de Brest, à mon ordre, et le caissier ne me connaissant en aucune façon, m'a prié de faire constater mon identité... — il fallait venir te chercher... te déranger... grand embarras... — En ce moment je me souvins des anciennes relations de mon père avec M. de Vaunoy, et je demandai tout simplement à parler à ce dernier... — On m'introduisit dans son cabinet, et je trouvai un homme charmant, — un peu prétentieux, peut-être, mais, au demeurant, très agréable... — Il me reçut à merveille, il me fit immédiatement donner mon argent, — il s'informa longuement de ma mère, et il parut prendre le plus vif intérêt à ma position actuelle... — Bref, je lui ai raconté mes projets, mes espérances, et j'ai prononcé ton nom, en disant que je logeais avec toi...

« — Maurice Torcy ! — s'est écrié monsieur de Vaunoy, — mais c'est un de nos artistes à la mode ! — son talent est reconnu et apprécié de tout le monde...

» — Ah ! — m'écriai-je, — il ira loin !...

» — Je le crois comme vous, — reprit le banquier, — puis il ajouta :

» — S'occupe-t-il du portrait ?

» — Mais je le crois bien ! — répliquai-je un peu au hasard, car il est de fait que j'ignore si tu pratiques ce genre de peinture... »

— Le moins possible, — interrompit Maurice.

— Une fois n'est pas coutume, et tu vas voir que j'ai bien fait de répondre affirmativement. — M. de Vaunoy reprit:

« — Votre ami est discret ?

» — Comme la tombe.

» — Et il peint le pastel ?

» — Comme feu Latour.

» J'aurai pu nommer Giraud ou Muller, mais je venais de parler de la tombe, et j'étais bien aise de citer un mort... —D'ailleurs je trouve qu'il est extrêmement littéraire de citer les morts plutôt que les vivants... — Est-ce ton avis?

— Oui, d'autant plus que messieurs les critiques passent leur vie à se servir des morts pour assommer les vivants, et il me semble qu'il ne saurait rien exister de plus littéraire qu'un critique...

— Tu es dans le vrai.

— Continue.

— Monsieur de Vaunoy ajouta : — Votre ami étant discret et peignant le pastel, j'aurai très prochainement le plaisir de lui faire une visite dans son atelier...

— Est-ce qu'il veut son portrait en berger trumeau, avec pannetiere et houlette ? — demanda Maurice en riant.

— Tu ris toujours, toi !...

— Où est le mal ?

— Laisse-moi donc finir mon histoire... — Bref, monsieur de Vaunoy désire depuis longtemps, — m'a-t-il dit en confidence, — le portrait d'une jolie fille de sa connaissance. — Il te priera de faire ce portrait, et tu fixeras le prix toi-même « *car,* — a-t-il ajouté, — *je ne marchande jamais avec les artistes !...* »

— Excellente habitude, et que je ne saurais trop approuver...

— Tu comprends le mot de l'énigme?...

— A peu près.

— Il est évident pour moi que le vieux Céladon désire accrocher dans son cabinet l'image adorée d'une danseuse décolletée, et qu'aux yeux de sa femme il fera passer ton pastel pour une tête de fantaisie...

— C'est vraisemblable...

— Dis que c'est certain.

— Soit !

— La conclusion de tout ceci, c'est que tu recevras, demain ou après-demain, la visite de M. de Vaunoy.

— Il arrivera fort à propos.

— Est-ce que tu as besoin d'argent, par hasard ?

— Le plus grand besoin, — ma caisse est à peu près à sec.

— Et c'est à moi que tu dis cela ?

— Pourquoi pas à toi ?...

— Et tu me dis cela quand tu sais que je viens de toucher de l'argent ce matin !.. ah ! fi !... — est-ce que ce qui est à moi n'est pas à toi ?...

Maurice, touché de cette amitié si franche et si expansive, étendit la main pour serrer celle de Gilbert.

Il ouvrait la bouche pour lui répondre et pour le remercier, quand geste et parole furent interrompus par un bruit soudain.

La sonnette de l'antichambre retentissait convulsivement et avec une violence telle qu'on eut dit qu'elle allait se briser.

XXV

Maurice et Léonidas.

La pendule de la chambre à coucher indiquait onze heures et quelques minutes.

— Qui diable peut sonner de cette façon, à pareille heure ?... — dit l'artiste en quittant son siége, — je vais aller voir, car ce paresseux de Joseph est bien capable d'être couché...

Maurice n'avait pas encore eu le temps de faire deux pas en avant, que la porte de l'atelier s'ouvrait violemment et qu'une jeune fille pâle, échevelée, les vêtements en désordre, se précipitait, et tombait presque évanouie aux pieds de l'artiste.

— Léontine!! — s'écria-t-il avec stupeur.

— Sauvez-moi!! sauvez-moi!! — balbutia la pauvre enfant avec une profonde expression d'angoisse et de désespoir.

— Vous sauver !... quel danger vous menace ?...

— Il vient !... il vient !... il veut me tuer !... il me tuera !...

— Qui? mais qui donc ?...

— Lui... lui... mon père...

— Le misérable !... où donc est-il ?...

Léontine n'eut pas la force de répondre.

Seulement, sa main tremblante désigna la porte restée entr'ouverte.

Par cette porte arrivait le bruit d'une dispute violente.

A ce bruit succéda le retentissement sourd d'un corps jeté avec force contre la cloison.

Puis Léonidas, tête nue, livide, hideux, entra ou plutôt s'élança dans la chambre.

A sa vue, Léontine poussa un gémissement faible et perdit complètement connaissance.

— Ah ! c'est comme ça que ça se joue !! — fit le vieux modèle en s'arrêtant, avec un ricanement sinistre, — excusez !! — Détournement de mineure !!... plus que ça de correctionnelle !!... — heureusement que papa z'est là !!...

Maurice, sans paraître apporter la

moindre attention à la présence de Léonidas, prit Léontine dans ses bras et la plaça sur un divan.

— Gilbert, — dit-il à son ami, que cette scène inattendue pétrifiait d'étonnement, — fais-la revenir à elle... — tu trouveras des sels anglais dans le tiroir du haut de ma table de toilette...

Après avoir prononcé ces quelques mots, le jeune homme se dirigea vers Léonidas et lui mit la main sur le collet.

— Bas les pattes !! — hurla le gredin en se débattant.

Mais Maurice n'avait garde de lâcher prise, et, malgré la résistance énergique de Léonidas, il le poussa, ou plutôt il le traîna dans l'atelier dont il referma la porte sur eux.

Là sa main abandonna le collet de l'habit, mais après une si brusque secousse que Léonidas perdit l'équilibre et roula sur le parquet en criant à l'assassin.

Maurice alluma une bougie, et revenant au vieux modèle qui se relevait, non sans peine, il lui dit, en le regardant bien en face :

— A nous deux, maintenant!!...

— Qu'est-ce que vous me voulez, z'et pourquoi que vous me frappez ? — grommela Léonidas, intimidé par la contenance énergique de son interlocuteur.

— Je ne vous ai pas frappé, je vous ai traîné ici, voilà tout, et vous allez me dire, mauvais drôle, qui vous a donné l'audace de maltraiter mon domestique et de pénétrer chez moi, malgré moi !

Déjà Léonidas avait repris une partie de son effronterie impudente.

— Elle est bonne, celle-là !! — répliqua-t-il, — depuis quand donc z'un père n'a-t-il plus le droit de chercher sa fille n'importe où z'et quant est-ce, quant toutefois z'elle est mineure ?... et pourquoi donc qu'elle est chez vous z'a des z'onze heures du soir, et *ménuit ?*...

— Apparemment parce qu'il lui plaît d'y venir, et qu'il me convient de la recevoir.

— Et si ça ne me convient pas z'à moi ? et si je veux veiller sur les mœurs de mon enfant z'et sauver son innocence??...

— Misérable !! — s'écria Maurice avec colère et avec dégoût.

— Ah ! ça, dites donc, vous, pas de gros mots, s'vous plaît !... — j'en veux pas !!... — c'est pas des sottises qu'il me faut, c'est ma fille !... — j'entends que Léontine va me suivre z'et *réinetégrer* le domicile paternel...

— Vous voulez que Léontine vous suive ?

— Un peu, que je le veux !

— Pour la battre, n'est-ce pas ?...

— Possible.

— Pour la vendre, peut-être ?...

— Possible encore, — mais ça ne vous regarde pas... — il me faut ma fille, z'entendez-vous, z'ou je crie et je fais du scandale !...

— Ah ! tu feras du scandale ?...

— Mais z'oui.

— Eh! bien, je te préviens qu'au premier mot que tu prononceras un peu trop haut...

— Eh! bien ? — demanda Léonidas avec arrogance.

— Je te brise les os! — acheva Maurice.

— Faudra voir ça! — fit le vieux modèle en ricanant.

— Eh bien! tu le verras! et plus tôt peut-être que tu ne penses!

Tout en parlant ainsi, Maurice s'approcha de l'un des trophées d'armes suspendus contre la muraille ; — il en détacha un *tomahaw* indien, et il le fit tournoyer au-dessus de sa tête.

— Excusez ! — fit Léonidas en se reculant avec terreur, — faut croire que c'est point z'assez de m'enlever ma fille unique, de déshonorer mon enfant !... — faut z'encore m'assommer par-dessus le marché !... — Nous verrons si m'sieu le commissaire s'arrange de tout ça !...

— Ah ! tu parles du commissaire ?...

— Oui, j'en parle !... — Ah ! vous croyez que parce qu'on est z'artiste, — qu'on a de l'argent, qu'on est bien mis, z'on peut séduire z'une innocente jeunesse et z'assas-

siner un pauvre père de famille!! — Non!
non! non!... pas de ça, Lisette!... — Vous
m'insultez, vous voulez me battre, parce
que je suis z'un enfant du peuple!... —
Z'allons donc!!... tout *aristo* que vous z'êtes,
vous ne me faites pas peur!... Ah! mais
non!...

Maurice laissa tomber son arme.

— Va-t'en! — dit-il avec dégoût, — va-
t'en, et ne remets jamais les pieds ici!...

— Oui, que je m'en vais... mais je re-
viendrai!...

— Jamais!!...

— Pas plus tard que dans un demi-quart d'heure, z'avec le commissaire z'et des municipaux!... z'et nous verrons bien si j'ai pas le droit d'emmener mon enfant z'avec moi!!...

— Ainsi, — fit Maurice d'une voix basse et concentrée, — décidément, tu tiens à ton idée de commissaire?

— Mais, z'oui, que j'y tiens.

— A merveille, et, dans ce cas, nous allons rire...

— Qu'est-ce que vous voulez faire? — demanda Léonidas inquiet.

— Tu vas voir!...

Maurice entr'ouvrit la porte de la chambre à coucher.

— Gilbert? — dit-il.

— Mon ami.

— Fais-moi le plaisir de donner à Joseph l'ordre d'aller chercher la garde...

— A l'instant même, mon ami.

— La garde! — balbutia Léonidas; — pourquoi la garde?...

— Pour arrêter un voleur.

— Quel voleur??...

— Celui qui a pris dans cet atelier un porte-monnaie et une chaîne de montre...

— C'est pas moi!... — cria Léonidas, devenu blafard à force d'effroi.

— Tu diras cela au commissaire.

— Est-ce que je suis z'un filou, moi?

— Oui, pardieu! tu es un filou.

— Faut des preuves, pour accuser un honnête homme!...

— J'en ai.

— C'est pas vrai!...

— Nous verrons cela tout à l'heure devant témoins.

— Connu! Vous voulez m'intimider, mais je ne suis pas coupable, et...

— Si tu ne m'as pas volé ma chaîne, — interrompit Maurice, — comment donc se fait-il que tu l'aies vendue à un bijoutier de la rue Saint-Martin?...

— Hein? — fit Léonidas atterré.

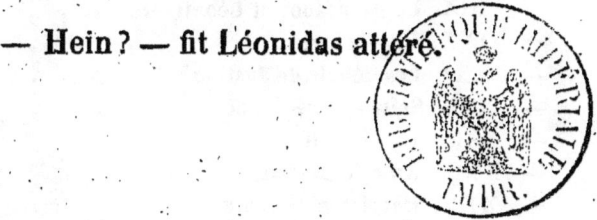

FIN DU QUATRIÈME VOLUME.

TABLE DES CHAPITRES.

QUATRIÈME PARTIE (SUITE).
Léontine le Modèle (suite).

		Pages
Chap. XI.	Entente cordiale...	3
— XII	Au théâtre Français.	27
— XIII.	Léontine.	55
— XI .	Confidences.	79
— XV.	Une paire de père.	103
— XVI.	Un banquier.	117
— XVII.	Un banquier (suite)	139
— XVIII.	Rue Mogador.	155
— XIX.	La Brancador et Léontine.	171
— XX.	Le vin muscat.	187
— XXI.	Les débuts de Justine.	207
— XXII.	Suite du précédent.	227
— XXIII.	Le boudoir.	251
— XXIV.	Au coin du feu.	273
— XXV.	Maurice et Léonidas.	295

FIN DE LA TABLE.

Fontainebleau. — Imp. de E. Jacquin.

Les Coulisses du monde, par Ponson du Terrail.
  Première partie, L'HÉRITAGE D'UNE CENTENAIRE. 3 vol.
  Deuxième partie, GASTON DE KERBRIE. . . . 5 vol.
  Troisième partie, UN PRINCE INDIEN. . . . . 2 vol.
La baronne trépassée, par Ponson du Terrail. . 5 vol.
Il faut que jeunesse se passe, par Alexandre de Lavergne. . . . . 3 vol.
Sous trois rois, par le même. . . . . 2 vol.
Mademoiselle de Cardonne, par de Gondrecourt. 5 vol.
Le roman d'une femme, par A. Dumas, fils. . . 4 vol.
Les Princes d'Ébène, par G. de la Landelle. . . 5 vol.
Le Sultan du quartier, par Maximilien Perrin. . 2 vol.
Hélène, par madame Charles Reybaud. . . . . 2 vol.
Les grands jours d'Auvergne, par P. Duplessis. 9 vol.
Le chevalier de Pampelonne, par A. de Gondrecourt . . . . 5 vol.
La marquise de Belverano, par Léon Gozlan . 2 vol.
Mémoires d'un mari, par Eugène Sue. . . . . 4 vol.
Diane de Lys et Grangette, par A. Dumas fils. . 5 vol.
Un Drame en famille, par le marquis de Foudras. 5 vol.
Les Viveurs de Paris, par Xavier de Montépin . 13 vol.
Les Valets de cœur, par le même. . . . . . . 5 vol.
Sœur Suzanne, par le même. . . . . 4 vol.
Le baron Lagazette, par A. de Gondrecourt. . . 5 vol.
Mont-Revêche, par George Sand. . . . . . . 4 vol.
Adriani, par la même. . . . . 2 vol.
Les Maîtres sonneurs, par la même. . . . . . 4 vol.

Fontainebleau. — Imp. de E. Jacquin.

www.ingramcontent.com/pod-product-compliance
Lightning Source LLC
Chambersburg PA
CBHW060643170426
43199CB00012B/1646